影响世界的超级线路
一带一路
漫游指南

以环球大视野 奏响丝路新乐章

崔岩 著

张亚宁 乐观 绘

中国中福会出版社

作者的话

你一般会怎样向别人介绍一个国家呢？

"××国位于×洲的×部，面积××平方千米，人口××，地形……"就这？这样的流水账有什么好看？看完了也跟没看一样吧？

在你面前的这一套"影响世界的超级线路·一带一路漫游指南"丛书当中我可是要向你介绍64个国家咧！

那我该介绍点什么呢？

这么多国家，有的很大，有的很小，有的不大不小，却很有特点——对，就是特点！想要记住一个人的长相，就要找他身上的特点，比如，这个人很高，那个人很矮，这个人笑起来有酒窝，那个人是一字眉，这个人脸上有颗痣……这些特点并不能勾勒出一个人的全貌，但是却能让你在人群中快速地把他认出来。

那么对于了解一个国家来说，也是一样。

这套丛书里列出的这64个国家，都是古代"丝绸之路"和海上"丝绸之路"沿途的重要国家，也就是说从古代开始，这些国家就跟我们国家有着持续不断的联系。它们大大小小，千姿百态，有的国家可能你都是第一次听说。

那么初次见面，你会留意些什么呢？

可能是好吃的。烤肉，辣鱼，橄榄，咖喱，鱼子酱……有些你可能还吃过，但是你知道它是来自哪个国家吗？有些你可能见都没见过，但是看上去好好吃的样子，你想不想尝尝呢？

也可能是好玩的。泥巴浴，泥火山，博物馆，奔驰的骏马，白色的沙滩……有些你可能知道，有些你听都没听过，知道了会不会惊掉你的下巴？

也可能是好看的。古迹，雕塑，宝石，草原，盛装的姑娘，帅气的小伙……这些引人畅想的异国情调，难道不是看一眼就难忘的吗？

世界那么大，想不想到这些国家去看看？

那么去之前，是不是要先了解一下它们呢？至少要对某一个国家有点印象吧？这样才能从众多的国家中，一眼就认出它呀！

那不妨就从这一套小书开始吧？

这里面写的、画的，全都是各个国家最能抓人眼球的特点，可能是那里的景，那里的人，那里的物产，那里的风俗，甚至国旗的样貌、国土的形状。看完这些，不说让你过目不忘，但肯定会让你印象深刻！

怎么样？来吧！我盛情地邀请你钻到书里来，一起开始一场奇妙的列国巡礼吧！

崔岩

2022 年 10 月 26 日

北京

目录

从帕米尔高原到黑海——中西亚

02
哈萨克斯坦

06
乌兹别克斯坦

10
土库曼斯坦

16
吉尔吉斯斯坦

20
塔吉克斯坦

22
伊朗

27
伊拉克

32
土耳其

38
格鲁吉亚

43
阿塞拜疆

45
亚美尼亚

47
叙利亚

51
约旦

54
黎巴嫩

58
以色列

60
巴勒斯坦

62
沙特阿拉伯

67
也门

69
阿曼

71
阿联酋

74
卡塔尔

76
科威特

78
巴林

81
塞浦路斯

跨越两洋的海陆通道——东南亚和南亚

86
越南

91
缅甸

98
柬埔寨

104
老挝

108
文莱

110
印度尼西亚

113
泰国

121
马来西亚

127
新加坡

133
菲律宾

139
东帝汶

141
印度

148
巴基斯坦

150
孟加拉国

151
阿富汗

156
斯里兰卡

160
马尔代夫

162
尼泊尔

167
不丹

丝绸之路的西方终点——欧洲

170
俄罗斯

179
乌克兰

185
白俄罗斯

187
摩尔多瓦

192
希 腊

199
波 兰

205
罗马尼亚

210
捷 克

218
斯洛伐克

220
保加利亚

226
匈牙利

229
拉脱维亚

232
立陶宛

235
爱沙尼亚

236
斯洛文尼亚

238
克罗地亚

243
阿尔巴尼亚

244
塞尔维亚

246
北马其顿

248
波黑

250
黑山

从帕米尔高原到黑海——中西亚

丝绸之路从新疆一路向西，有雄伟的大山，有广阔的草原，还有一望无际的沙漠……在古代，在这样一条路上艰难跋涉的，是一支支商队。他们翻越大山，跨过平原，穿过沙漠，主要靠的，就是一只只"沙漠之舟"。

"沙漠之舟"是什么呢？
你能从这长长的路上，找到它的影子吗？

哈萨克斯坦

打开地图看到中亚这一片，哇！这里有个好大的国家哦！当然啦，肯定是没有旁边的俄罗斯和中国大，但真的是不小了呢！它叫哈萨克斯坦。

再看看它下边：怎么那么多的"斯坦"啊——吉尔吉斯斯坦、塔吉克斯坦、乌兹别克斯坦、土库曼斯坦……它们都叫"斯坦"哎！

又帅气又暖和的毛皮棉衣！

斯坦是啥？

话说"斯坦"究竟啥意思呢？"斯坦"就是"××人的地方"的意思，所以，"哈萨克斯坦"就是"哈萨克人的地方"。那不用说啦，这个国家的主要居民，就是哈萨克人啦！

哈萨克人

他们是草原民族，祖祖辈辈生活在辽阔的大草原上，以放牧牛羊为生。他们住在跟帐篷一样的毡房里，吃的主要是牛羊肉和奶制品。他们穿着色彩斑斓帅气的毛皮棉衣。

哈萨克族，在我们中国也有分布，是我国的56个民族之一哟！

女孩子们从小戴着一种叫作"塔克亚"的帽子。这种帽子有着平平的顶，缀着光彩夺目的宝石，上面插着猫头鹰的羽毛，代表着吉祥如意。

出嫁的时候，姑娘们就戴上了叫作"沙吾克列"的尖顶帽，绣着花草和各种形状的花纹，镶满了五光十色的金银珠宝，可漂亮啦！

阿拉木图

阿斯塔纳

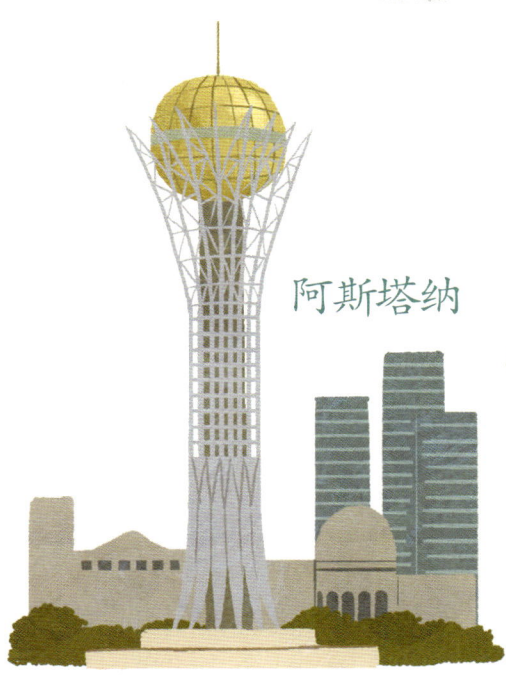

不过现在到他们最大的城市阿拉木图，还有首都阿斯塔纳去看看，一样也是现代化的大城市呀，而且还带着浓浓的草原风情，别有一番风味呢！

从帕米尔高原到黑海——中西亚

最大的内陆国居然靠"海"？

哈萨克斯坦有 272 万平方千米的领土面积，快赶上印度了，真是不小了。但是，这么大的国家，却是个内陆国。

内陆国

又叫作"陆锁国""无海岸国家"，指被邻国陆地领土包围因而没有海岸线的国家。

没差你多少！

298

哈萨克斯坦

里海

等等！快看它的西南方向，这不是明明靠着一个里"海"吗？

哈萨克斯坦就是这样一个内陆国。嗯，是的，再大它也是个内陆国，而且它还是世界上最大的内陆国呢。你看它四周都是邻国的陆地，完全不靠海的嘛……

可是里海并不算海。

里海很大，有 38 万多平方千米，差不多有我国的云南省那么大了。

俄罗斯

哈萨克斯坦

阿塞拜疆

土库曼斯坦

伊朗

但是这么大一片水，却是完全封闭的。也就是说，有河流流到它里面，却没有河流往外流，它跟世界上的大海和大洋都不连通。

它周边有 5 个国家，是一片巨大的水面。

里海是有海豹的哦！

所以，里海虽然很大，但它不是海，而是世界上最大的咸水湖！

哇！那真的是好大一个湖啊！

从帕米尔高原到黑海——中西亚

乌兹别克斯坦

乌兹别克斯坦，就在哈萨克斯坦的南边。你看到它的名字就知道啦——没错，这里就是"乌兹别克人的地方"！

🌐 双重内陆国

世界上只有两个噢！

乌兹别克斯坦也是一个内陆国。不过，它这个内陆国可是有点特殊——它是世界上仅有的两个双重内陆国之一（另一个是列支敦士登）！

啥叫"双重内陆国"？

就是说，首先，它自己就是一个内陆国。这个没的说，它不靠海嘛。其次，它的所有邻国，也都是内陆国。

所有的内陆国都符合第一个条件，但是第二个就不大容易满足了。比如前面我们刚刚说过了世界上最大的内陆国哈萨克斯坦，它的邻国里有中国和俄罗斯，至少这俩肯定都不是内陆国呀。

但是我们仔细看看乌兹别克斯坦，它的邻国的确都是不靠海的哟，顶多靠着里海——咱们说了，那可不算海哦！

所以，乌兹别克斯坦，妥妥的"双重内陆国"哦！

也就是说，这里的人要想看海，至少要穿过两个国家呢！

想看海！

撒马尔罕

乌兹别克斯坦的首都是塔什干,但是它境内有个更著名的城市,就是它的第二大城市撒马尔罕!

两千多年前,撒马尔罕就是一座美轮美奂的城市。当马其顿帝国的亚历山大大帝攻占撒马尔罕的时候,也要忍不住赞叹,撒马尔罕比他想象中更为壮观。

撒马尔罕

它是中亚最古老的城市之一。

撒马尔罕是古代丝绸之路上的重要枢纽,连接着东边的中国、南边的印度,和西边的波斯,也就是现在的伊朗。

从帕米尔高原到黑海——中西亚

这里还是古代花剌子模国的 新都，被成吉思汗攻陷之后，又由后来的帖木儿大帝重新修建。

我要建立亚洲之都！

帖木儿大帝

帖木儿大帝自称是成吉思汗的后代，他的大军横扫波斯、印度、高加索、阿塞拜疆和蒙古，他发誓要让撒马尔罕成为亚洲之都。

他从亚洲各地劫掠来了无数的珍宝，从各个城市调来了最精巧的工匠，在这座城里修建起了最辉煌的宫殿和清真寺。

💬 可是帖木儿的野心再大，也敌不过无情的岁月。在踏上征服中国的路途之时，他在军中去世了。他就被葬在了撒马尔罕。

如今，他的陵墓，还有他留下的撒马尔罕老城，都被联合国教科文组织评定为世界文化遗产。

帖木儿陵墓

咸透了的咸海

乌兹别克斯坦是双重内陆国，可是也不代表它就不靠"海"。这回不是里海了，而是它北边的咸海。

当然喽，它也不是海，而是一个咸水湖。要说这个咸海，可真是够咸的，都要咸透啦！

曾经的它是世界第四大湖，有锡尔河和阿姆河这两条重要的河流流入其中，是中亚地区一颗耀眼的明珠。

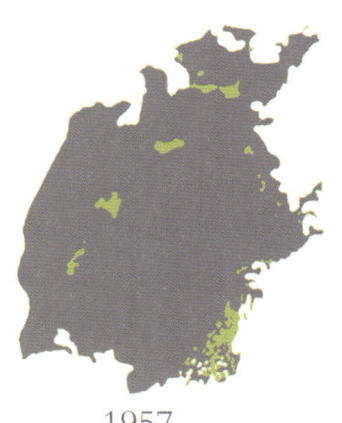
1957

2000

现在

可是现在呢？中亚酷热的沙漠气候不断蒸发着它的水分，流入它的河流也被截流，于是咸海的面积急剧萎缩，已经消失了 90% 的面积。

现在，咸海只剩下几片互相独立的小湖面啦，如果再不采取措施，再过一段时间，它可能就会完全消失了！

从帕米尔高原到黑海——中西亚

土库曼斯坦

有哪个国家会把一匹马放到国徽上呢?

那就是土库曼斯坦!

放匹马上去,是因为这是个游牧民族之国吗?

别说,还真的是。

土库曼斯坦的主要民族是土库曼族,他们世世代代生活在大草原上,骑着马,以放牧牛羊为生。当然啦,他们有一部分也是从事农耕的。

能让游牧民族放到国徽上的马,可不是一般的马。这就是土库曼斯坦的国宝——阿哈尔捷金马。

听到这个名字,你可能有点陌生,不过它还有一个传奇的别名——汗血宝马!

为了几匹马灭掉一个国？

在西汉时期，有人献了一匹"汗血宝马"给汉武帝，汉武帝欣喜若狂，称它是"天马"。他想得到更多的"汗血宝马"，就派人带着礼物去大宛国换马，也就是现在乌兹别克斯坦、塔吉克斯坦和吉尔吉斯斯坦三国交界的费尔干纳盆地，没想到却遭到了拒绝，礼物被劫，使者被杀。于是汉武帝大怒，两次派出远征军，终于将大宛国征服。

【汉武帝】

汗血宝马出的汗都是血吗？

其实也不是。通常认为这种马皮肤较薄，奔跑时鲜红的血液在血管中流动很容易被看到，再加上出汗后局部颜色会显得非常鲜艳，就给人造成了"流血"的错觉。传说这种马"日行千里，夜行八百"，是名副其实的"千里马"。

皮薄＋容易看到血管

这种传奇的"汗血宝马"，就是阿哈尔捷金马。这种马现在也十分稀有，全世界也就只有几千匹，经常被土库曼斯坦当作国礼赠送。我国就获赠过几匹"汗血宝马"呢！

从帕米尔高原到黑海——中西亚

这里通向地狱？

在土库曼斯坦境内的卡拉库姆沙漠之中，有一个叫作达瓦札的小小村落，它的旁边，有一个"大火坑"，这就是著名的"地狱之门"。

实际上，这不是什么来自"地狱"的火焰，而是人为点燃的。

原来，土库曼斯坦是一个石油和天然气资源非常丰富的国家，尤其是天然气的储量，可以排到全球前几名。要知道这个国家人口只有500多万，全国人民使用石油天然气基本上可以不要钱了。

而"地狱之门"这个地方，其实就是一个充满可燃气体的地下洞穴。

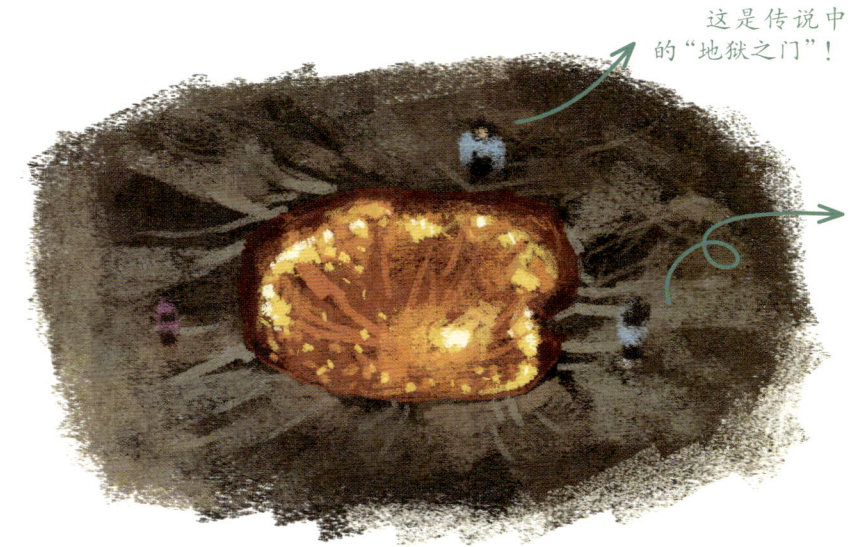

这是传说中的"地狱之门"！

看呀！光秃秃的沙漠当中，赫然出现一个巨大的坑洞，里面经年累月地燃烧着熊熊烈火——这难道不像是从地狱当中释放出来的恶魔？

在1971年，当时苏联的地质学家来这里考察，结果造成了地面坍塌，留下了一个大洞。洞里源源不断地释放出可燃气体，这种气体是有毒的。为了防止这种有毒气体扩散，他们就在这里点了一把火。没想到这把火一直烧到了今天，也不知道会烧到何年何月。

土库曼人

看！土库曼斯坦的男孩子会戴着这种黑色、白色或者褐色的羊皮高帽子，在沙漠里，戴着这种帽子冬暖夏凉，很舒服的！

而女孩子，会穿着这种色彩鲜艳的长裙子，头上戴着头巾，把头发编成漂亮的辫子。

女孩子出嫁的时候，身上会有纷繁复杂的各类装饰品，有头饰、额饰、发饰、胸饰、腕饰还有戒指，分别用金、银、铜、铁等金属打造，可华丽了！

从帕米尔高原到黑海——中西亚

那他们吃什么呢?作为一个有着几千年游牧传统的民族,土库曼人的饮食也非常有草原特色。

炸馓子

馕

烤肉

薄荷

他们的传统食品有烤肉、抓饭、馕、烤肉饼、炸馓子和包子等,这当中可是少不了胡椒、洋葱、孜然、薄荷等调味品的功劳。

洋葱

他们的饮料以茶为主,夏天天气炎热的时候,土库曼人还会喝酸骆驼奶来消暑呢!

"世界小公民"养成指南

"哎,你看对面那个人的小帽子好漂亮哟。"

"是哦,这帽子样子好奇怪,不过戴上应该很凉快吧。"

"咦?他为什么盯着我们看,有点不高兴的样子?是不是我们说悄悄话被他发现了?"

在土库曼斯坦,千万不要在土库曼人面前说悄悄话。这倒不是他们见不得别人有秘密,而是因为他们认为只有行为不轨的人才会这样做。所以,在公共场合一定要注意自己的言行,不要造成误会招惹麻烦呀!

吉尔吉斯斯坦

🌐 碎叶城——传说中李白出生的地方

【李白】

据说大诗人李白就是出生在这里的呢!

碎叶城

在吉尔吉斯斯坦的首都比什凯克东边不远,有座托克马克市。在它的南边,有一座古老城市的废墟。这里曾经是唐朝的碎叶城。

这座城附近的地区,在汉代就是王朝疆域的一部分,唐朝时候更是"安西四镇"之一。

碎叶城地处"丝绸之路"两条干线的交汇处,中西商人汇集于此,是东西使者的必经之路。

伊塞克湖——上帝遗落的明珠

从碎叶城向东不远,就在高高的大山深处,有一片巨大的湖面,这就是伊塞克湖啦。

这个湖可不简单,不光是大,而且很深很深,平均深度有279米,最大深度有702米,也就是说,有200多层楼那么深呢!它是世界上最深的高山大湖。

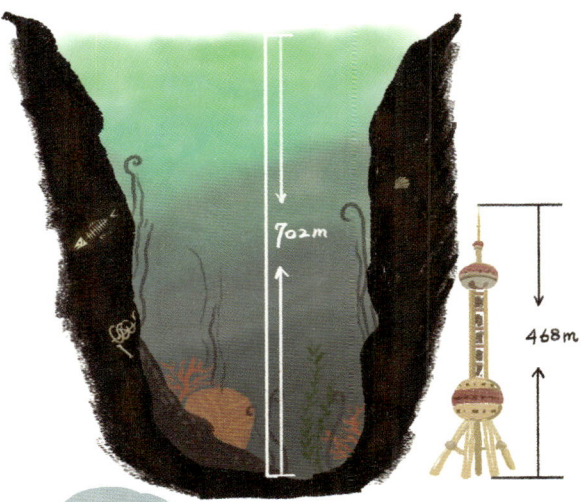

大清池

这里也是古代丝绸之路的必经之地,唐朝的玄奘法师(就是唐僧啦)取经路上就曾经路过这里,在他的《大唐西域记》里,管它叫"大清池"。

在吉尔吉斯人的心目中,伊塞克湖不仅美丽,而且神秘,是他们世世代代顶礼膜拜的母亲湖,是"上帝遗落的明珠"。当地有一句谚语说得好:"没到过伊塞克湖,就不算到过吉尔吉斯斯坦。"

◀ 玄奘 ▶

从帕米尔高原到黑海——中西亚

传说在很久很久以前,吉尔吉斯人和外族打仗,不幸战败了,于是他们只好逃亡。当他们逃到伊塞克湖畔的时候,他们看到的是宽阔的湖面,碧蓝的湖水,还有洁白的雪山,一切都是那么平静。

看吧,这片湖水就是这么神奇!

大家都看呆了,脚步再也挪不动了,心中的恐惧也仿佛一扫而光。追兵很快到了,但是面对眼前的神奇美景,穷凶极恶的敌人也同样被大自然的静谧无言所感化了。就这样,湖边的众人纷纷放下了武器,双方握手言和。

吉尔吉斯——柯尔克孜

对啦，不用说，吉尔吉斯斯坦，意思就是"吉尔吉斯人的地方"，而吉尔吉斯人其实在我国也有同族兄弟，是我们56个民族大家庭中的一员，只不过在我国，这个民族的名字叫作"柯尔克孜"。名字不大一样，但是习俗是差不多的。

美丽的柯尔克孜族女孩哦！

哇！叼羊比赛

他们也是草原民族。假如你去柯尔克孜族的毡房里做客，他们会热情地端出马奶酒和孢孜酒来招待你。牛羊肉自然是少不了的，也许你还可以欣赏到他们的"比依"（舞蹈）。吃饱喝足之后看看他们的赛马、叼羊比赛，你是不是也有点跃跃欲试了呢？

从帕米尔高原到黑海——中西亚

塔吉克斯坦

🌐 共工怒触不周山——帕米尔高原

【共工氏】

在我国的神话故事里，有一位叫共工氏的英雄。他跟颛顼争夺帝位失败了，一怒之下撞断了不周山。这个不周山是传说中支撑天地的柱子，天柱断了，天地就歪了，从此天塌西北、地陷东南，所有中原的大河就都向东流入大海了。

这个传说中的"擎天柱"不周山，据说就在帕米尔高原。而帕米尔高原，如今大部分地区，就在塔吉克斯坦境内。

塔吉克斯坦是一个"高山国"，境内到处都是高山，帕米尔高原，就是全国最高的地方。你要知道，"帕米尔"，在塔吉克语中就是"世界屋脊"的意思。

帕米尔高原就是一个巨大的"山结",就是说,有好多条山脉在这里打了一个结。在这里"打结"的山脉,都是亚洲重量级的山脉,分别是天山、昆仑山、喀喇昆仑山,还有兴都库什山——怎么样,这里边单拎出任意一条,都是响当当的大山脉吧!

天山山脉
费尔干纳山脉
帕米尔高原
塔克拉玛干沙漠
昆仑山脉
喀喇昆仑山脉
兴都库什山脉
苏莱曼山脉
喜马拉雅山脉

伊朗

波斯就是伊朗

伊朗古名叫波斯，是一个文明古国。

有多古老呢？那我问你，第一个地跨亚、欧、非三大洲的大帝国是哪个？

波斯帝国。

古代斯巴达人"三百壮士"死守温泉关，最后悲壮地全部牺牲了，他们是在跟谁打？

波斯人。

马其顿的亚历山大大帝一直向东进军，几乎一直打到了"天尽头"，他征服的主要对手是谁？

波斯帝国。

从两千多年前一直到20世纪，在这片土地上，波斯人建立了一系列的王朝，直到1935年，才改名叫伊朗。

一直到今天，如果听到有人说起波斯人，那就是在说现在的伊朗人啦！

我是威武的波斯战士！

波斯湾大油库

不用说,"波斯湾"就是从伊朗的这个古名"波斯"得来的。

这是一个巨大的海湾,通过狭窄的霍尔木兹海峡跟印度洋的阿拉伯海相连。海湾周边有8个国家,就叫"海湾国家",伊朗是其中之一。

这个海湾很重要,因为这是一个巨大的宝库,宝库里面全都是……油。

对,没错,石油!

有多大呢?这里面的石油总储量占全世界的一半!不说别的,我们中国每年也要从国外进口大量的石油,很多都是来自这里,并且基本上都要经过霍尔木兹海峡。

那么你想吧,如果谁要是把这个海峡一掐断……真的要天下大乱啦!

就是因为这个原因,这里经常动荡不安,擦枪走火。在新闻里经常能听到这里的动静,下次注意听听吧。

波斯地毯

要说伊朗的特产是什么,那一定要说到波斯地毯啦!

你可能会问,地毯有什么稀奇,不就是铺到地上踩的吗?

那可不一样!伊朗人把地面看成是房间里的第五面墙,怎么能够随随便便、马马虎虎呢?挂在墙上的叫挂毯,铺在地上的叫地毯,一样都得好好设计和编织才行。

售卖地毯的古代波斯商人。

伊朗是地毯编织艺术的发源地，几千年来，波斯人都是在用传统的工艺编织地毯。

不同的植物可以给编织地毯的毛线染出不同的颜色！

这种胭脂虫可以做染料噢！

上乘的地毯用羊毛或者真丝织成，用野生植物甚至昆虫榨取出来的天然颜料来染色，织出来的地毯五彩斑斓，有着漂亮的鸟兽花草或者几何图形的纹饰，历来是皇室或者达官显贵们地位和财富的象征。像英国王室、美国白宫等地方，都少不了波斯地毯的身影呢。

从帕米尔高原到黑海——中西亚

"里海黑珍珠"——鱼子酱

伊朗也是里海沿岸国家，而且，这里出产里海最珍贵的馈赠——里海鱼子酱。

鱼子酱，这是和松露、鹅肝并列的"西方三大顶级美食"之一，最主要的特点就是一个字——贵。

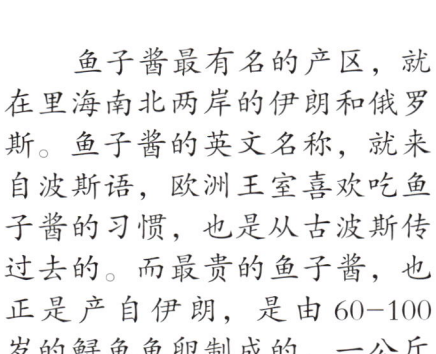

鱼子酱最有名的产区，就在里海南北两岸的伊朗和俄罗斯。鱼子酱的英文名称，就来自波斯语，欧洲王室喜欢吃鱼子酱的习惯，也是从古波斯传过去的。而最贵的鱼子酱，也正是产自伊朗，是由60-100岁的鲟鱼鱼卵制成的，一公斤的价格就达到了35000美元！

这样的价格，果然称得上"黑色黄金"了，"里海黑珍珠"真不是白叫的！

伊拉克

看！这神奇的北纬 30 度——贯穿四大文明古国的纬线！这个地带大河流域气候温润，光热充足，地势平坦，适合人类文明生存发展。还记得世界四大文明古国是哪四个吗？

对啦！是古埃及、古巴比伦、古印度和中国。

古埃及

古印度

古巴比伦

中国

古巴比伦的起源位于两河流域；古埃及文明主要位于现在的埃及；古印度位于现今的印度北部和巴基斯坦等位置，而我们中国的华夏文明就在长江黄河两条母亲河哺育的广袤土地上。值得骄傲的是我们不用在前面加"古"字，因为我们的文化没有断层：文字、语言、度量衡、生活习俗、思想学派等等从未因为环境变化或战争而消亡。这都要感谢我们古人天地人和谐共存的思想源远流长。

那么古巴比伦文明主要分布在现在哪个国家呢？

美索不达米亚——人类文明的摇篮

在伊拉克国土的中心地带,奔腾着两条大河,一条叫底格里斯河,一条叫幼发拉底河。两河最终汇合在一起,流入波斯湾。两河带来了巨量的泥沙,在下游不断地淤积,形成了辽阔的大平原,这就是美索不达米亚平原。

在古希腊语当中,"美索不达米亚"的意思,就是"两河之间的地方"。这就是著名的"两河流域"啦,它还有一个名字,叫作"巴比伦尼亚"!

是的,这里就是古巴比伦文明所在地,人类文明的摇篮。早在六千多年之前,这里就有人类文明出现了。

这里生活的人们，发明了独特的 60 进制计数法，我们现在把一天划分为 24 小时，每个小时分为 60 分钟，这些都是在 60 进制的基础上发展出来的。

他们发明了奇特的楔形文字，后来演变成了现在我们能见到的各式各样的字母文字。

他们修建了通天塔和空中花园，这都是被列入"古代世界七大奇迹"的宏伟建筑。

但是这些建筑现在都已经不存在了，我们只能在博物馆和废墟前想象它们的风采了。

空中花园哦！漂亮吧？

从帕米尔高原到黑海——中西亚

《一千零一夜》——充满故事的城市

从前有一位国王,他生性残暴,因为王后对他不忠,他就把王后杀死了。此后,他每天娶一位少女,到了第二天早晨就把新娘杀死。

宰相的女儿为了拯救无辜的女子,自愿嫁给国王。新婚之夜,她给国王讲起了故事。

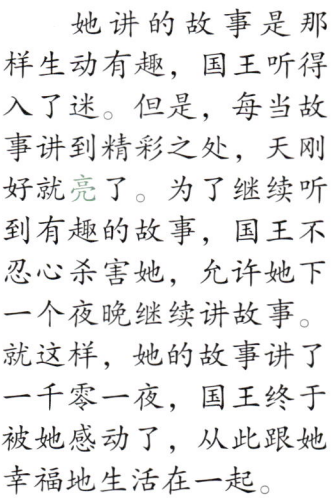

她讲的故事是那样生动有趣,国王听得入了迷。但是,每当故事讲到精彩之处,天刚好就亮了。为了继续听到有趣的故事,国王不忍心杀害她,允许她下一个夜晚继续讲故事。就这样,她的故事讲了一千零一夜,国王终于被她感动了,从此跟她幸福地生活在一起。

真是个机智又善良的姑娘!

传说这就是阿拉伯传统民间故事集《一千零一夜》的来源。而这么多千奇百怪、富有想象力的故事，就产生于阿拉伯帝国的阿拔斯王朝。那时候，帝国的首都，就在现在伊拉克的首都——巴格达。

巴格达

这些故事里有《阿里巴巴和四十大盗》：出身贫贱的小伙子阿里巴巴，因为偶然的机会知道了"芝麻开门"的神奇咒语，可以出入盗贼的宝库，他在聪明女仆的帮助下，杀尽了盗贼，从此过上了幸福的生活。

有《航海家辛巴达》：辛巴达生性爱好冒险，经常出海旅行，在航海途中虽然好多次几乎丧命，但是他绝不放弃，终于获得了财富。

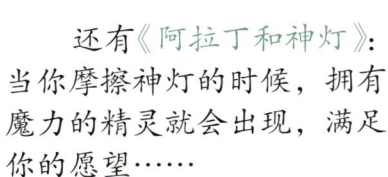

芝麻开门！

阿里巴巴

还有《阿拉丁和神灯》：当你摩擦神灯的时候，拥有魔力的精灵就会出现，满足你的愿望……

还有好多好多故事呢，你还想听吗？

我可以帮你实现三个愿望！

神灯精灵

从帕米尔高原到黑海——中西亚

土耳其

现在土耳其的主要领土，都在一个差不多呈长方形的半岛上，这就是小亚细亚半岛。而它在欧洲还有一个小角角，跟半岛隔海相望。两部分中间，就隔着土耳其海峡。

"天下咽喉"土耳其海峡

土耳其海峡

土耳其海峡是连接黑海与地中海的唯一通道，它包括博斯普鲁斯海峡、马尔马拉海和达达尼尔海峡三部分。这真的是一条窄窄的海峡，最窄的地方都不到一千米宽。对于往来黑海和地中海的船只来说，这就不怎么美妙了——这个海峡这么窄，一旦不能通航，那不就像是被卡住了脖子？

偏偏自古以来，就有无数的船只往来穿梭在这个窄窄的海峡中。黑海沿岸的国家，只有通过这个海峡，才能航行到地中海，然后向西穿过直布罗陀海峡，才能进入大西洋。

所以这个海峡是多么重要啊！难怪被称为"天下咽喉"呢！

千年帝都——伊斯坦布尔（君士坦丁堡）

在这么重要的交通要道上建一座城市，有往来贸易的便利滋养，想不发展起来都难啊！

> 它叫拜占庭！

在土耳其海峡的博斯普鲁斯海峡的南口西岸，有土耳其最大的城市——伊斯坦布尔。

这座城市可不简单。最早的时候，古希腊人在这个地方建立了一个城邦，叫作拜占庭。

之后罗马帝国的皇帝君士坦丁大帝看中了这里，在这里建立了罗马帝国的新首都新罗马，后来这座城市就被叫作"君士坦丁堡"。

古希腊人

从帕米尔高原到黑海——中西亚

33

此后的一千年，这里就一直是东罗马帝国的首都，也是当时全欧洲最大、最繁华的城市。长期以来，在西方人的眼中，君士坦丁堡就是世界的中心。

它叫君士坦丁堡！

君士坦丁大帝

它叫伊斯坦布尔！

奥斯曼苏丹

但是在公元1453年，这座城市被奥斯曼土耳其帝国占领了，于是，它又成了奥斯曼帝国的首都，并改名为伊斯坦布尔，一直到20世纪。作为欧亚两洲分界线的博斯普鲁斯海峡从城中穿过，将这座古城一分为二，伊斯坦布尔也就成了全世界唯一一座地跨欧亚两洲的城市。

这座城市历经千年的历史沧桑,每一块城砖仿佛都讲述着故事。城中有巨大的圣索非亚博物馆,该建筑已经有近 1500 年的历史了哟!

> 圣索非亚博物馆是人类在漫漫历史长河中遗留下的最精美的建筑之一:拜占庭式的建筑、基督教时期的马赛克墙面、奥斯曼时代的辅楼,东西方文化精妙融合,是建筑史上的丰碑。

圣索非亚博物馆

从帕米尔高原到黑海——中西亚

小亚细亚——亚洲开始的地方

土耳其海峡是欧洲和亚洲的分界线。其实"亚洲""欧洲"这样的区分，正是从这里开始的呢。

在古代，东地中海沿岸这里，居住着腓尼基人。他们是航海经商的民族，为了方便辨明方位，他们把爱琴海以东的地方称作"Asu"，意思是"日出的地方"，把爱琴海以西的地方称作"Ereb"，意思是"日落的地方"。

这"日出的地方"，其实指的就是现在土耳其这个半岛的西部。后来"日出的地方"所指的范围越来越大，逐渐包括了现在整个的亚洲大陆，名字也变成了亚细亚（Asia）。于是，这个最早获得"亚细亚"名字的半岛，就成了"小"亚细亚半岛啦。

Ereb 日落的地方　　西　东　　Asu 日出的地方

欧洲 希腊　　爱琴海　　亚洲 土耳其

土耳其的主要民族是土耳其族，是突厥语族的一支。他们是大约一千年前从中亚迁到这里来的。他们的祖先之一本来是草原居民。

突厥是出现在我们中国史书上的一个古老民族。唐朝的时候，西突厥被唐朝灭亡了，他们当中的一些部落向西迁徙，来到了中西亚，逐渐同当地人融合，形成了土耳其民族。

对！突厥说的就是我们！

"土耳其"，其实就是"突厥"的转音。在鞑靼语中，"突厥"是"勇敢"的意思，"土耳其"的意思，就是"勇敢人的国家"。他们建立的奥斯曼土耳其帝国，曾经是人类历史上最后一个地跨亚欧非三洲的大帝国。

从帕米尔高原到黑海——中西亚

格鲁吉亚

高加索山和被缚的普罗米修斯

传说，在高高的高加索山上，有一处陡峭的悬崖峭壁，上面用铁链绑缚着一位神明。这条铁链他永远也无法挣脱，绑缚的姿势让他疲惫的双膝无法弯曲，他也永远不能入睡。在他起伏的胸脯上，还钉着一颗金刚石的钉子，每一次呼吸对他来说都是痛苦的煎熬。他忍受着饥渴，忍受着风吹、日晒、雨淋，还有一只可恶的神鹰每天来啄食他的肝脏。白天，他的肝脏被吃完了，夜晚，肝脏又会重新长出，就这样日复一日。

是谁，要承受这样的煎熬呢？

他就是普罗米修斯。在古希腊神话中，他因为盗取天火交给饥寒交迫的人类，触怒了众神之王宙斯，被罚在这高高的高加索山上受苦受难。直到大力神赫拉克勒斯用箭射死了神鹰，用石头砸碎了锁链，他才被解救出来。

这是一个为了成全他人而宁愿牺牲自己的人，是一个大英雄。

普罗米修斯

格鲁吉亚、阿塞拜疆、亚美尼亚三个国家，都在高加索山南麓，被称为南高加索，或者外高加索国家。

今天的高加索山脉，是欧洲和亚洲的分界线，两端连接着黑海和里海。在它的脚下，有格鲁吉亚这个国家。

俄罗斯
黑海
高加索山脉
格鲁吉亚
里海

从帕米尔高原到黑海——中西亚

第比利斯——温泉

格鲁吉亚的首都是第比利斯。在格鲁吉亚语中,"第比利斯"就是"温暖"的意思。

第比利斯

相传在 1500 多年前,格鲁吉亚的国王在狩猎的时候,发现一只受伤的鹿掉进了温泉里,很快,神奇的事情发生了——鹿的伤口迅速愈合了。于是他就决定把首都迁到这里来,也就有了古老的第比利斯城。

温泉的疗效当然不会像传说中那么神奇，但是在很早之前，人们就在这里修建浴池，利用这里的泉水疗养了。因为他们发现，用临近的山地流出来的含有硫黄矿物质的天然温泉水沐浴，医疗效果很好。

普希金

大仲马

大文豪大仲马和普希金都泡过这里的温泉哦！大仲马泡过温泉之后写道："我所有的疲惫都消失了，我感觉我有力量举起一座山峰。"普希金也说："自我出生到现在，我从未有过任何像第比利斯温泉这样奢侈的享受。"直到现在，这里也还是著名的游览休养胜地。

男女合体雕像——相聚又分离

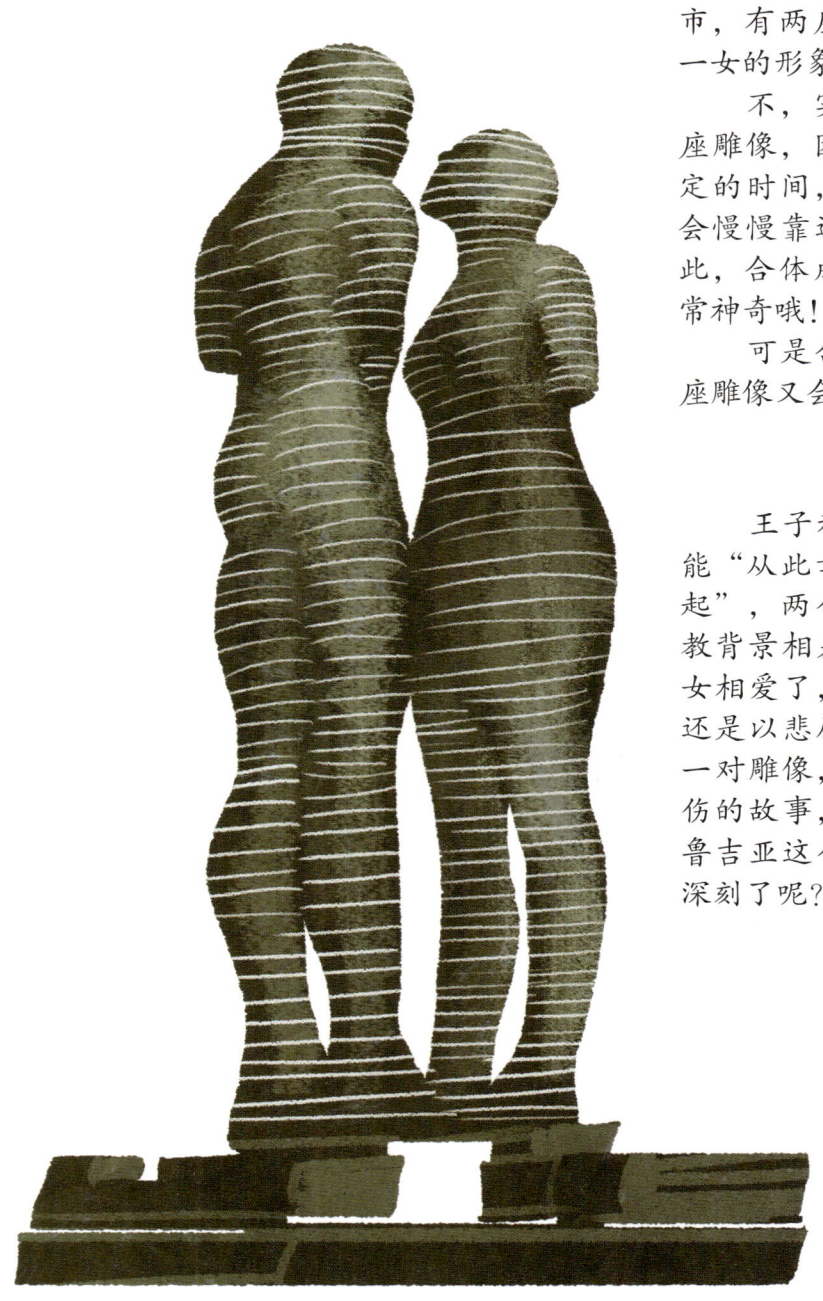

在格鲁吉亚的巴统市，有两座雕像，是一男一女的形象。

不，实际上它只是一座雕像，因为每天一到固定的时间，这两座雕像就会慢慢靠近，逐渐融进彼此，合体成一座雕像，非常神奇哦！

可是合体之后呢，两座雕像又会缓缓地分开。

王子和公主并不总是能"从此幸福地生活在一起"，两个家庭出身、宗教背景相差悬殊的青年男女相爱了，但他们的爱情还是以悲剧告终。看着这一对雕像，听着这一段悲伤的故事，你是不是对格鲁吉亚这个国家更加印象深刻了呢？

阿塞拜疆

阿塞拜疆坐落在大高加索山和小高加索山之间,而且还濒临里海,它最主要的特产就是石油。

石油浴

世界上盛产石油的国家很多,阿塞拜疆排不到前面去。

不过阿塞拜疆有个非常有特色的石油"副产品"——石油浴。

在阿塞拜疆的拉弗达朗市,最出名的旅游项目就是"石油浴"。把自己泡进灌满黑乎乎石油的浴缸里,只露出脑袋在外面,这样就可以尽情地享受石油浴的功效啦!

泡澡用的石油,其实并不能燃烧,也没有啥工业价值,但是它里面富含硫黄,能够对关节炎和皮肤病起到治疗的效果。

只是去泡个一次两次,这医疗效果不一定能见到。可是如果泡多了,每次这满身的油污,就不知道要清洗到什么时候了!

泥火山

你见过火山爆发吗?

我们可能没有亲眼见过,但是我们一定见过图片和视频。火山顶上突然喷发出大量的火焰和烟尘,大地在震动,滚烫的岩浆从火山顶上流下来,形成了一条红色的河,冷却之后变成了坚硬的岩石。

那么,你见过不喷火,只喷泥浆的火山吗?

这种火山并不多见,最大的两座就分布在阿塞拜疆和美国。

阿塞拜疆有世界上最大的泥火山,它喷发的时候,泥浆喷射的高度能达到两三百米呢。

喷发不那么剧烈的时候,你能看到干裂的大地上不时出现几个泥浆池,在咕嘟咕嘟往外冒泡。

其实这些喷出来的气体都是天然气,说明这里蕴藏着丰富的自然资源。阿塞拜疆就是这样一个油气资源储量丰富的国家,难怪"阿塞拜疆"的意思就是"火的国家"呢!

这喷出来的是天然气哦!

亚美尼亚

🌐 第一个基督教国家——比罗马还早！

亚美尼亚也是一个古老的民族，早在罗马共和国时代，罗马在东方最主要的敌人之一，就是亚美尼亚人。

公元301年，亚美尼亚的国王就把基督教定为自己的国教。这一决定甚至比罗马帝国还早！

所以亚美尼亚就成了第一个把基督教定为国教的单一宗教国家。

时至今日，我们仍可以看到，它的邻国基本上是伊斯兰教国家，只有它是个基督教国家。这也成了它的特色之一。

高加索的明镜——塞凡湖

传说，在美丽的塞凡湖里，有一座美丽的小岛，岛上有一座黑色石头建成的修道院。修道院里有一个修女，跟一个年轻的男子相恋了。

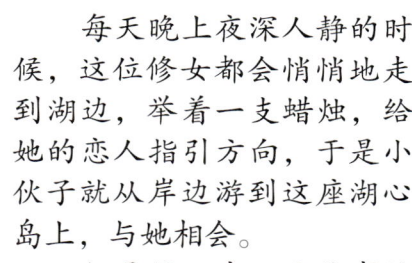

每天晚上夜深人静的时候，这位修女都会悄悄地走到湖边，举着一支蜡烛，给她的恋人指引方向，于是小伙子就从岸边游到这座湖心岛上，与她相会。

但是很不幸，这件事被修道院的院长发现了，她把这个修女关了起来。修女不能给小伙子点亮烛光，小伙子就在漆黑的夜里迷失了方向，在湖里淹死了。据说他临死的时候，还一直喊着修女的名字，于是人们就把这座岛用修女的名字来命名了。

而小伙子呢？亚美尼亚人相信他变成了湖里的鳟鱼，每天都游在爱人的身旁……

叙利亚

天国里的城市——大马士革

叙利亚的首都是大马士革。

这是一座古城。有多古老呢？有 4000 多年了吧！

它就坐落在邻近地区最肥沃的土地上，千百年前，这里就被称为"人间天堂"。古书里记载着："人间若有天堂，大马士革必在其中。天堂若在天上，大马士革必与它齐名。"

大马士革

这里曾经是阿拉伯帝国倭马亚王朝的首都。对，就在我们前面说到的，定都在巴格达的、讲《一千零一夜》的阿拔斯王朝之前。许多阿拉伯的王公贵族、文武大臣，都希望活着的时候能居住在大马士革，死后也能安葬在这里。毕竟，书里是这么写的："真主宠爱谁，就把谁安顿在大马士革。"

天堂般的大马士革，这些年和叙利亚的其他古城一样经历了战火。我们期待着和平再次降临人间。

叙利亚橄榄皂

叙利亚西边，就靠着地中海了。地中海沿岸，最不缺的就是橄榄树啦！

橄榄可以吃，还可以用来生产橄榄油。橄榄油被誉为"液体黄金""地中海甘露"，是纯天然的好东西，那么，除了可以美容，可以吃，它还能做什么？

叙利亚人拿它做肥皂！

在叙利亚北方的重镇阿勒颇，遍地都是橄榄皂的手工作坊，所以叙利亚橄榄皂，也叫作"阿勒颇橄榄皂"。

这里每年年底都会迎来一年一次的橄榄大丰收。

把新榨出来的橄榄油，加上上等的月桂油等，在适当的温度下搅拌熬煮。

① 新榨的橄榄油

③ 搅拌熬煮

② 把橄榄油、月桂油等混合在一起

过一段时间之后，就制成了热腾腾的皂液。把皂液搅拌后倒入模具里装模（在工厂里是把它倒入很大的石灶里）。把皂液晾干，再过一段时间之后，皂液就凝结成了翠绿色的固体，再把它切割、风干，叙利亚橄榄皂就制成啦！

④ 搅拌后装模

⑤ 晾干等待

⑥ 切割风干

⑦ 美美的橄榄皂完成

是不是听上去好像也不难呢？那你就慢慢等吧！别的不说，最后的风干大概也就放个几个月或者几年吧，等到皂的外表变成金黄色，才算最终完成哦！

从帕米尔高原到黑海——中西亚

大马士革刀

大马士革最有名的是什么？
大马士革刀！

其实大马士革刀的原产地并不在叙利亚，而是在古印度，但是后来，大马士革刀的冶炼技术和锻造方式，一直被波斯人掌握并垄断（还记得波斯人是谁吗？对啦，就是现在的伊朗人）。

传说几百年前，英格兰的国王"狮心王"理查（就是罗宾汉的国王）远征圣城耶路撒冷，在战场上遇到了东方的传奇君王萨拉丁。两军对垒之时，理查王跟萨拉丁王阵前相见。

为了向理查王示威，萨拉丁掏出一条纱巾向空中一抛，然后拔出随身宝刀向纱巾挥去。雕刻着神秘花纹的宝刀闪过诡异的光芒，轻飘飘的纱巾居然就这样被劈成了两半。理查王和他随行的骑士们平生不知道见过多少刀剑，但此时面对这么锋利的宝刀也是大吃一惊。从此，欧洲人就流传着这样一个传说，说东方人有一种锋利无比的刀剑，不知道用什么金属材料制成，那刀身上闪耀着的神秘花纹会夺人魂魄。他们把这种刀命名为"大马士革刀"，在他们看来，这种刀应该产自大马士革一带。因为大马士革本身就是重要的贸易城市，是古代丝绸之路的终点之一，所以很多古代的大马士革刀就从这座城市流入了欧洲。

找一把大马士革刀来看看吧，看看被古代波斯人形容成像"夜空中的繁星"一样的漂亮花纹，想象一下它在古代的传奇故事吧！

约旦

死海不死

地球上海拔高度最低的地方在哪里？就在约旦和以色列、巴勒斯坦交界的死海。

什么，死海？这名字听着怎么这么可怕？那里是不是方圆百里，寸草不生？

的确有点那个意思，但是也没有那么可怕啦。

死海，其实就是一个咸水湖，跟咱们前面说过的里海和咸海类似。只不过它太咸了，咸得鱼虾蚌蟹都死光光啦，咸得水草都长不起来，咸得人都漂起来啦！

是的，在死海，人想淹死，还真有点难度。死海浮力太大了，人掉进去根本沉不下去，甚至能悠闲地漂在水面上看杂志——看手机也行，随你吧。不会游泳的人在这里也能享受到"水上漂"的乐趣，反倒是你要真想游泳的话，还有点麻烦，因为你根本沉不下去啊！所有学过的游泳姿势都用不上啦！

不过在死海漂着也要小心，海水太咸啦，要是不小心溅到眼睛里，或者弄不好喝一口，那可够你难受的！

大老远到这里来，就只在水上漂着吗？其实漂着就已经很好了。在死海水中浸泡，可以治疗关节炎等一些慢性疾病。当然还有著名的死海黑泥。别看这些黑乎乎脏兮兮的泥巴，它富含矿物质，是美容护肤的宝贝哦，还出口到世界各地呢！

所以，别看这地方叫死海，动植物也确实无法生存，但是这里开了好多疗养院，每年都有成千上万的人来到这里，到死海水上一躺，躺好了再把黑泥往身上一糊，只露出两只眼睛，就这样享受岁月静好。

 ## 唯一的出海口

约旦，和前面的伊拉克、叙利亚，还有后面除了以色列和塞浦路斯之外的所有西亚国家，都属于阿拉伯国家，也就是它们境内的主要居民都是阿拉伯人。

阿拉伯国家，都靠海。

什么？你说你没看出来约旦哪里靠海？

哦，你需要一张清晰的地图，放大了好好看看。看见了吗？就在约旦地图的左下角，有一个叫作亚喀巴的城市，就是在那里，约旦有一段 26 千米长的海岸线。

26 千米有多长？我们中国有着 18000 千米长的海岸线。数数看差多少个 0 吧。就这 26 千米，还有一小半是从邻国沙特阿拉伯手里拿土地换来的呢！

但是它对约旦来说太重要了，约旦全国的出口，全靠它啦！

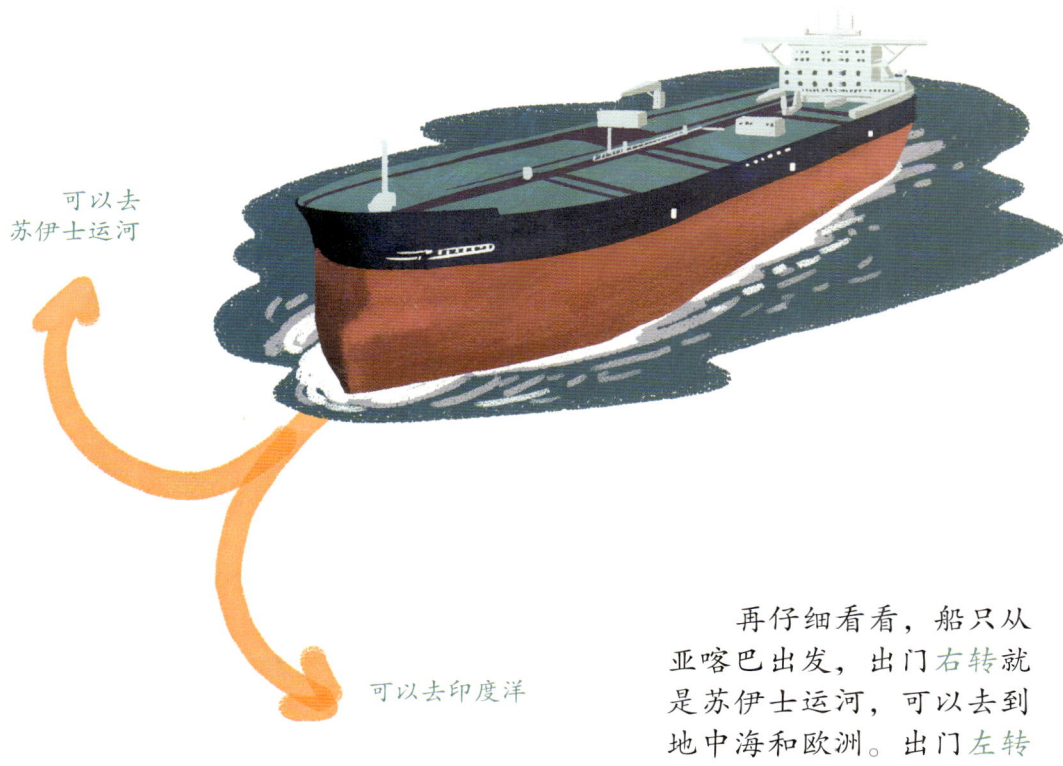

可以去苏伊士运河

可以去印度洋

再仔细看看，船只从亚喀巴出发，出门右转就是苏伊士运河，可以去到地中海和欧洲。出门左转呢，穿过红海，过了曼德海峡、亚丁湾，就进入印度洋了，所以这 26 千米的海岸线是不是挺重要的？

黎巴嫩

腓尼基人的故乡

黎巴嫩所在的地方,曾经是古腓尼基人的故乡。

这是一个经商航海的民族,早在4000多年前,他们就在地中海上驾船往来做生意了。

他们的航海技术很高超,甚至曾经驾船驶入大西洋,绕着非洲航行了一圈。要知道那是4000年前啊!

他们为了做生意方便,发明了腓尼基字母,这是后来所有希腊字母、拉丁字母、阿拉伯字母、梵文字母等等字母的老祖宗。

他们在非洲北端建立了一个殖民地,取名叫迦太基,后来在地中海上跟古罗马人争霸,还出了汉尼拔这样的一代名将。

他们是不是很厉害?

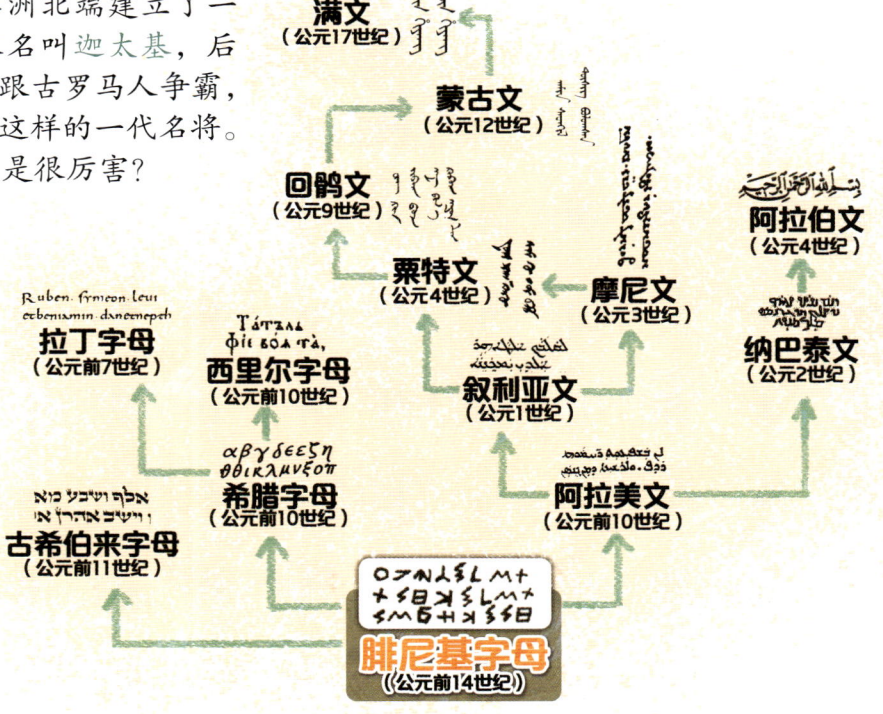

"东方巴黎"贝鲁特

  黎巴嫩，在整个阿拉伯世界中比较另类，在众多的阿拉伯国家中，它是一个很西方化的国家。它的首都贝鲁特号称"东方巴黎"。

  "贝鲁特"是"多井之城"的意思。这里只是海边的一片不毛之地，缺乏水源。为了解决饮水和灌溉的问题，人们在城墙边缘挖了很多水井，久而久之，这个地方就叫"贝鲁特"啦。

  跟这一片城区很多的名城一样，贝鲁特的历史也实在是太久远了。你可以在这里看到罗马时代的城墙、神庙，连澡堂子都有！还有后来奥斯曼帝国时代的清真寺。城郊的巴勒贝克神庙甚至建于3000多年以前！

巴勒贝克神庙是古代腓尼基人祭祀太阳神的神庙。

  那么古老的城市，现在主城区能看到的，也是现代生活的景象。不过多年的战火也给这座城市留下了累累伤痕。

从帕米尔高原到黑海——中西亚

黎巴嫩雪松

贝鲁特的东面,是黎巴嫩山,黎巴嫩山上,有高高的雪松。

腓尼基人那么会航海,你猜他们的船是用什么造的呢?黎巴嫩雪松就是最好的材料啦!

雪松长在海拔一两千米以上的高山上,材质特别坚实,耐腐蚀抗虫咬,还散发着独特的清香。难怪雪松被称为"植物之王"呢!据腓尼基人的传说,雪松是上帝栽种的,所以他们又把它称为"上帝之树"或者"神树"。

↙ 用雪松做的商船!

当年的腓尼基人，就是驾着雪松造的船，满地中海运送雪松贩卖。你以为雪松只能拿来造船吗？埃及人用它来保存木乃伊，犹太人用它来治疗麻风病，犹太人的所罗门王还用它来建造宫殿。在古代巴比伦人的传说中，神明的住所也是用雪松建造的……怎么样？腓尼基人做的这个生意，是个大买卖吧！

贝鲁特

如今，黎巴嫩雪松是黎巴嫩的国树，黎巴嫩人认为它象征着纯洁和永生。看看黎巴嫩的国旗和国徽，很好认吧？红白条条的底色上，一棵绿绿的松树。这松树，就是黎巴嫩雪松。看黎巴嫩人把雪松放到这么显眼的位置，就知道他们对雪松是有多么喜爱了吧！

从帕米尔高原到黑海——中西亚

以色列

🌐 流浪数千年的民族

有这样一个民族,他们曾被赶出了自己的家园,流落到世界各地。这个民族就是希伯来民族,或者叫犹太民族。希伯来、犹太、以色列,都是这个民族曾经用过的名字。千百年来,他们在世界的各个角落生活。他们给这个世界贡献了一神教的信仰,也产生过大富豪,诞生过思想家、科学家,诸如马克思、爱因斯坦这样的伟人。

马克思

我们都是犹太民族的一员噢!

爱因斯坦

虽然没有了故土,他们依然固守着自己的传统,仍然渴望着拥有自己的国家。终于有一天,他们回到了故土,建成了一个新的国家——以色列。

大卫王

在古代，以色列人最辉煌的时代，就是大卫王和他的儿子所罗门王在位的时候。

大卫王起初只是一个牧羊的少年，却以他的聪明灵巧，战胜了非利士人的大力士哥利亚，从此开始他的英雄之路，最终统一了犹太各个部落，建立了王国。

大卫王

耶路撒冷

所罗门王在耶路撒冷建立了圣殿。而这个圣殿在战火中被毁之后，以色列人又在它上面重新建立了一座圣殿。可是后来这座圣殿也被毁掉了，只剩下了一段短短的石墙。全世界流浪的犹太人，都会到这里来朝圣，在这堵墙前面痛哭、祷告，于是这堵墙，就成了著名的"哭墙"。耶路撒冷，也就成了犹太教的圣城。

然而耶路撒冷可不仅仅是犹太教的圣城，它还是基督教和伊斯兰教的圣城。

犹太男士穿深色衣服帽子、留胡须，鬓角蓄发。

耶路撒冷的哭墙！

所以，这是一座非常著名的城市，也是一座颇为复杂的"圣城"。

从帕米尔高原到黑海——中西亚

巴勒斯坦

艰难建国

巴勒斯坦，意思是"腓力斯丁人的土地"。这里的居民腓力斯丁人也称非利士人。前面说到的大卫王曾经战胜的那个大力士哥利亚就是非利士人。他们曾是海上民族，但是后来被打败，退出了历史舞台。

巴勒斯坦

之后这片土地上，犹太人、亚述人、巴比伦人、波斯人……来来往往，你方唱罢我登场。最后在这里定居的，是阿拉伯人。

当以色列人结束2000年的漂泊，又回到他们认为的祖先之地的时候，这片土地并不是无主的。但是他们留下来了，于是他们不可避免地跟当地的巴勒斯坦人产生了冲突。

他们之间的分歧到现在都没有解决。不过尽管艰难，巴勒斯坦还是顽强地建立了自己的国家。

希望这个世界上不再有无尽的纷争。

沙特阿拉伯

沙特阿拉伯，是一个王国。因为国王是来自于"沙特"家族，又是个阿拉伯国家，所以叫"沙特阿拉伯"。它就坐落在世界上最大的半岛——阿拉伯半岛上。

巨大的半岛

阿拉伯半岛是一个巨大的半岛，上面有好几个国家，这一部分咱们后面要提到的国家，除了塞浦路斯之外，都可以算在内。沙特阿拉伯自己，就占据了半岛面积的四分之三！不过大归大，这么大一片地区长年干旱少雨，地面上除了沙漠就是山地，居然连一条河都没有。

是的，这座半岛上的所有国家，都是"无流国"！

世界上一共有 20 个"无流国"，它们当中有一些国家是大洋上的小岛，周围都被海水包围，国土太小，没有河流。但是，无流国也并不是都那么小哦，像沙特阿拉伯，国土面积有 225 万平方千米，是挺大的一个国家了，但是它的国土上也是没有一条河流的。

> **无流国是啥？**
>
> 很简单，没有河流的国家，就叫无流国。
> 我们可能没见过很多的大江大河，好歹也见过小河沟，但是世界上就是有那么一些国家，国土之上一条河流都没有。

什么是河？哈哈！

可是，人类生存怎么少得了水？无流国为了获得足够的淡水资源，也是操碎了心。

有的靠天吃饭：像太平洋上的图瓦卢、印度洋上的马尔代夫这样的岛国，因为长年雨量充沛，于是就在下雨的时候，用水缸、水桶等等各种容器收集雨水，当然国家还建有一些大型的贮水池，存贮大量的雨水，足够不下雨的时候使用啦。

有的掘地三尺：比如后面我们要提到的巴林。这是一个在波斯湾里的岛国，在阿拉伯半岛的旁边，长年也是不下什么雨。不过，那里地下水储量丰富，挖地1米就能见到泉水。这真是太好啦！

有的这两种办法都不行，就得花钱想别的招了。

从帕米尔高原到黑海——中西亚

有的花钱直接<u>进口</u>：比如太平洋上的瑙鲁，因为开发岛上的"鸟粪矿"发家致富，并不缺钱，就干脆从邻国澳大利亚直接一船一船地运来淡水。所幸他们人口也不多，足够用了。

有的花钱<u>淡化海水</u>：世界上最大的淡化海水生产国，就是沙特阿拉伯了，每年海水淡化量占世界海水淡化总量的<u>五分之一</u>还要多。

这里有世界上最大的海水淡化厂，设备也很先进。还有它的邻国科威特，也是要靠淡化海水来给全国供水的。

但是淡化海水要进设备、建厂房，要维持工厂的正常运转，很费钱。好在这几个国家都不差钱，因为他们有<u>石油</u>。

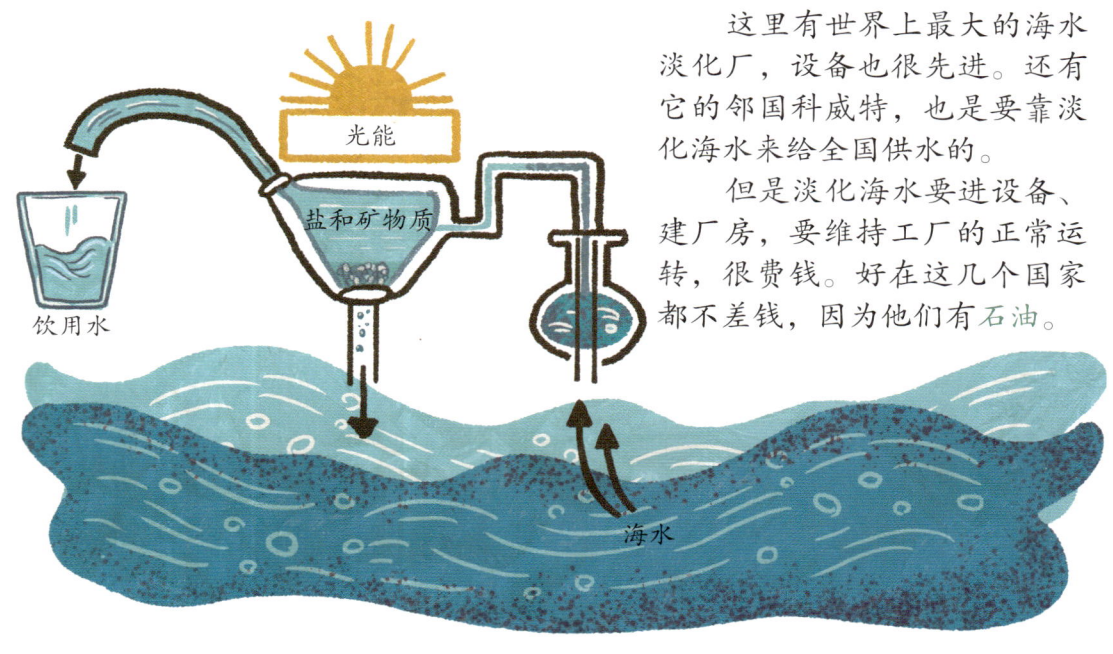

石油王国

石油是"工业的血液"，我们要开汽车、开飞机、开轮船、开机器，要造塑料、做尼龙……没有了石油，我们大部分的工业设备，都要运转不灵了。

石油从哪里来？地底下挖出来的，对吧？哪里石油最多呢？就在这里啦！

波斯湾沿岸的海湾地区盛产石油，而沙特阿拉伯的石油储备量和产量，都是排在世界最前面的。这个国家每年石油工业的产值，能占到国民经济总产值的80%以上！真是名副其实的"石油王国"啦！

有了石油收入做支撑，所以淡化海水这些都是小意思！

从帕米尔高原到黑海——中西亚

红海

红海是红的吗？

其实多数情况下并不红。但是，历代相传就是这么叫的啦！有说是因为海里偶尔会有大片的红藻，像是把海水染红了，所以叫红海的。

也有说是因为旁边红色的山脉的，也有说其实本来只是为了表示方位的……反正这片狭长的、并不大的海，自古以来就叫红海。

别看这海并不大，但是位置非常重要。

红藻

而现在红海之所以重要，很大原因是苏伊士运河的开通。在运河没有开通之前，从欧洲到亚洲的航线，要绕过非洲南端的好望角。但是有了苏伊士运河，整个航程就可以节省几千海里。而要通过苏伊士运河，就一定要通过红海。

而红海的西边，是北非的撒哈拉大沙漠，东边是干旱少雨的阿拉伯半岛，红海又是一条特别狭长的陆间海，两头几乎都被封得死死的，所以，红海的海水，蒸发量远远大于补充量，红海就成了世界上最咸的海。

但这里也就有了别处难得一见的特别景致。来看看吗？

也门

亚丁湾

红海的南边出口,叫作曼德海峡,出了海峡之后,就是亚丁湾。这就通向印度洋了。

为什么叫亚丁湾呢?因为这里有一座重要的港口城市,就是也门的亚丁。

注意到亚丁下面的"非洲之角"了吧?那里就是索马里半岛,而亚丁湾,也就是这些年索马里海盗出没的地方。

咱们已经说了,红海是这么重要的一条国际航道,而亚丁湾又正好堵在红海的门口,海盗选在这里作案,简直是绝佳的位置。

所以我们国家才要派舰艇到亚丁湾护航呀!

【郑和】

这就是古书中说的"麒麟"!

亚丁港,在中国古书上叫"阿丹",我们唐代的时候就有航海家去过哦。而明代著名航海家郑和下西洋的时候,也曾经派宝船到过这里,从这旦购买了猫眼石、大珍珠、狮子、麒麟、金钱豹什么的。

多说一句,这里说的"麒麟",其实就是长颈鹿哦!

摩卡咖啡

香浓美味的咖啡

咖啡，是世界三大无酒精饮料之一（另外两个是什么，你知道吗？）咖啡中有一种古老的"摩卡咖啡"，它就跟也门有关哦！

原来早在几百年前，当时出口到欧洲的咖啡，主要都是由也门的小港口摩卡港运过去的，那里集中了非洲大部分的咖啡。从摩卡港运出去的非洲咖啡，就被统称为摩卡咖啡啦。后来虽然新的港口替代了摩卡港的地位，但是这些产地所产的咖啡豆，还是被称为摩卡咖啡豆。

猜猜，我们是什么饮料？

（茶）

（可可）

但是现在呢，这个名字还有了别的含义。加了巧克力糖浆、牛奶、奶油的咖啡就是摩卡了吗？用"摩卡"壶做的咖啡就是摩卡咖啡了吗？所以"摩卡"到底代表的是产地？口味？还是一种做法呢？

这个问题，恐怕会像咖啡的味道一样复杂多变吧！

阿曼

🌐 马斯喀特

阿曼是个典型的阿拉伯国家。它的首都是马斯喀特。

这个港口城市，就在波斯湾出口外边的阿曼湾岸边，地理位置非常重要。

在古代，马斯喀特港就是中国和阿拉伯国家贸易的重要港口，曾经还是海上丝绸之路途经阿拉伯半岛的唯一港口城市。

这么重要的港口，当然很多人都会眼红。在西方的大航海时代，葡萄牙人绕了半个地球来到这里，抢占了马斯喀特，把它作为葡萄牙东方航线当中很重要的一环。

一直到现在，马斯喀特仍然发挥着它重要的战略地位。

🌐 乳香与没(mò)药

传说，两千年前，耶稣诞生在伯利恒的马厩里，这时候有从东方来的三位博士来朝圣，他们带来的见面礼，分别是黄金、乳香、没药。

能跟黄金相提并论，那么乳香和没药一定是很贵重的好东西啦？

确实是的！这就是两千年前人们能够想象到的最珍贵的礼物了！

乳香是淡黄色

没药颜色深

乳香和没药，分别是乳香树和没药树流下的树脂。在古代，它们的主要用途，就是在祭拜神明的时候，在祭坛上焚烧。神殿里飘出的香气，使人心醉神驰，灵魂也仿佛获得了净化。

从帕米尔高原到黑海——中西亚

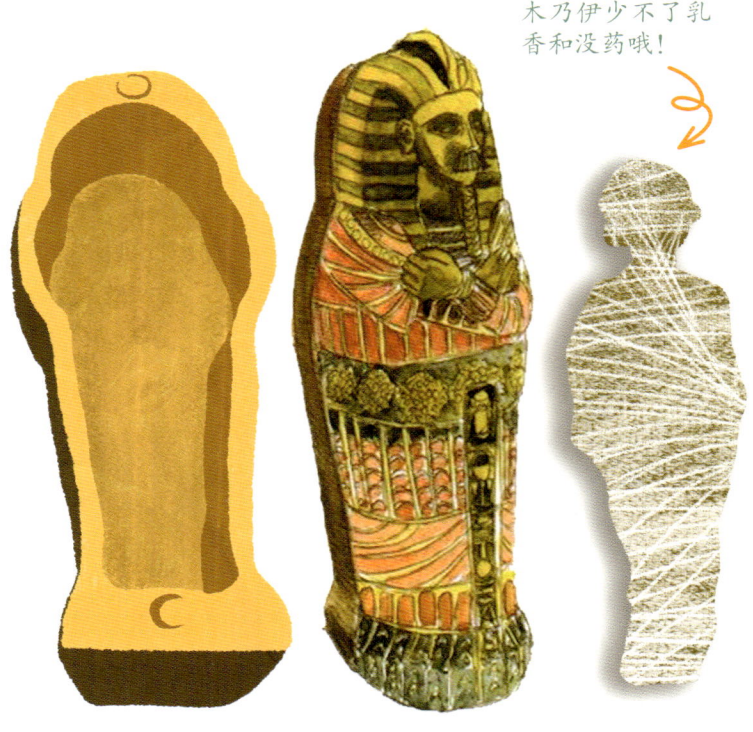

古埃及制作木乃伊少不了乳香和没药哦!

其实，这也是有科学道理的呢。香料燃烧产生的香气，有杀菌消毒和防腐的效果，对于供奉的生鲜祭品来说，可以消除异味，防止疾病传播。就这样，不管是从功能上还是仪式上，几千年来，乳香和没药都发挥着重要的作用。达官贵人们拿它去祭祀神明、净化心灵；古埃及人拿它们去制作木乃伊。

世界上很多国家都生产乳香和没药，但是公认的最好的乳香，产自阿曼南部的佐法尔。

在古代，这里被中国人称为"香岸"，从名字你就知道它以什么出名啦！几百年前，大量的乳香等香料，从佐法尔、马斯喀特出发，运到中国的广州、泉州，换回中国的丝绸、陶瓷、茶叶、麝香等等。所以，这样一条贸易路线，我们叫它海上丝绸之路，但同样也可以叫作海上香料之路吧！

今天，阿曼人依然有着用香的习惯。

阿联酋

🌐 一个还是七个

阿联酋，这是一个简称。它的全名叫作阿拉伯联合酋长国。

它是由七个酋长国联合在一起组成的国家。所以，这是一个国还是七个国？其实都是因为这几个酋长国都不大，于是就抱团在一起了。

阿联酋在阿拉伯半岛的东部，紧邻波斯湾——那自然石油是少不了的啦！

但是，在七个酋长国当中，首都阿布扎比所在的阿布扎比酋长国，占了阿联酋全部石油储量的90%以上，面积、人口也是妥妥地占了首位！

那么其他酋长国怎么办呢？想点别的招呗。比如酋长国里排行老二的迪拜。

从帕米尔高原到黑海——中西亚

沙漠中的奇观——迪拜

阿联酋的首都是阿布扎比,最大的酋长国也是阿布扎比。但是好像在国际上更有名的,却是阿联酋第一大城市迪拜。

海湾国家盛产石油,不过迪拜算是个例外。别看迪拜酋长国在阿联酋当中面积排第二,地底下石油资源却不算多,而且也开采不了多少年了。因此迪拜的主要产业,就转向了石油以外的其他行业。

> 对!我们不靠石油,我们靠旅游!

所以，我们在新闻里、网络上频频能看到的是迪拜的帆船酒店，是迪拜的黄金取款机，是"棕榈树""世界地图"人工岛，是世界最高的哈里发塔……整个一座城市，仿佛是从无边的沙漠里长出来的一样，浑身上下透着"土豪"气。这也正是迪拜吸引世界各地目光的方式。

迪拜的"世界岛"哦！

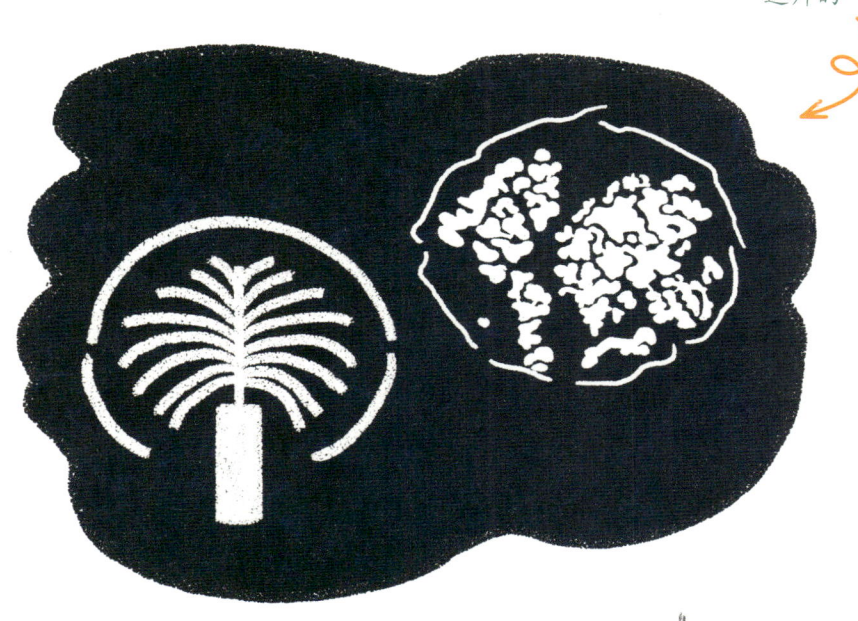

这里也是整个中东地区的枢纽，去欧洲的话，从迪拜转机，是一个很方便的选择。

在普遍依靠石油经济的中东地区，居然靠着非石油经济获得了新的发展之路，这也不能不说是一个奇迹呢。

从帕米尔高原到黑海——中西亚

卡塔尔

 小半岛上的国家

卡塔尔在阿拉伯半岛上的一个小半岛上。

这话有点绕，但是卡塔尔整个国土，就是一个小半岛——卡塔尔半岛。它也是一个酋长国，就在波斯湾里边。是的，它也是一个石油国家。

靠着丰富的石油资源，卡塔尔也是全世界最富有的国家之一。那真叫"富得流油"——流的都是石油啊！

但是，谁说人家富得只有石油？

卡塔尔的首都多哈，是海湾地区的"体育之城"，这里建有好多座大型体育场，向人们展示着竞技体育与现代建筑相结合的力与美。

这里举办过亚运会、田径世锦赛，还有 2022 年足球世界杯。这个可是第一次在北半球的冬季举办的世界杯，为此，卡塔尔不大的国土上有 12 座球场上演了精彩的大对决。

先不说比赛会怎么样吧，这 12 座球场真的是形态各异、争奇斗艳呢！

先画 8 个球场吧！

🌐 锯齿形的国旗

卡塔尔，和它旁边的巴林，都拥有世界上绝无仅有的国旗样式：锯齿形的国旗。

倒不是说旗子就是锯齿形，整个国旗还是长方形，但是，长方形上的图案，是两种颜色用锯齿线隔开。

这两个国家国旗的区别就是，卡塔尔国旗是白色和紫红色，中间有 9 个锯齿，而巴林国旗是白色和红色，中间有 5 个锯齿。其实巴林国旗的锯齿数来来回回变过好多次，一开始有 28 个，后来变成 8 个，可能是觉得跟卡塔尔数量差不多不太好区分吧，后来又变成 5 个。

咱们怎么区分呢？来不及数锯齿的话，就看颜色吧！

卡塔尔国旗

巴林国旗

科威特

科威特是个小国。但是这个小国的位置简直太刁钻了。它就堵在幼发拉底河和底格里斯河（两河）汇合而成的阿拉伯河入海口不远，把整个伊拉克的海岸线硬生生堵得就只剩下 60 千米啦！

小国大油田

位置也就罢了，谁让它又有那么多的油？

海湾地区的国家，油都不少，可是，科威特一个小小的国家，石油的储量居然跟相邻的大它好几号的伊拉克储量差不多！

更何况，两国边境还有一个共有的大油田，大部分在伊拉克境内，可是在科威特这头就能把油采走！

难怪伊拉克会看着眼红：堵着我的出海口，还有那么多油，还抢我的油……

所以，几十年前，两国就打了一仗。

打完了之后呢？一切照旧。

科威特还是那个富得流油的科威特。

科威特城

而跟邻国小小的出海口不同，科威特的首都科威特城，可是波斯湾难得的优良海港。

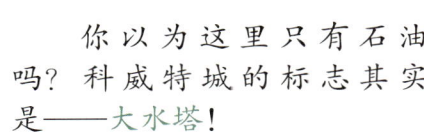

都是奇奇怪怪的水塔。

你以为这里只有石油吗？科威特城的标志其实是——大水塔！

科威特也是"无流国"之一，极度缺乏淡水，他们需要靠淡化海水获得的纯净水生活，代价非常昂贵。所以，在科威特，到处都能看到贮水的水塔，这些水塔成了科威特的一大特色。

那么，水塔怎么能只是装水这么简单呢？还得好看！

这一组大水塔寓意地球和月球，可以搭乘电梯上去，在上面可以俯瞰整个科威特城。到了晚上，景观灯亮起来，大水塔又变成了一颗夜明珠！

怎么样，感觉不错吧？

从帕米尔高原到黑海——中西亚

巴林

 "波斯湾明珠"

波斯湾里面，就只有巴林是一个小岛国。

当然，这里的主要产业也是石油，但是，你不妨去看看巴林人在发现石油之前的谋生手段。

那就是——
采珍珠！

自古以来，珍珠就是人们喜爱的大自然的馈赠。"珠圆玉润"这个词，主要就是形容珍珠的。而珍珠是从哪里来的呢？就来自海里的那些珍珠蚌啦！

可能只是一粒沙子偶然进到了贝壳里，那些软乎乎的珍珠蚌就会分泌珍珠质，把沙一层层包裹起来，时间长了，就成了天然的珍珠啦。

巴林产的珍珠，曾经举世闻名，珍珠工业曾经是这个国家的支柱产业呢。所以巴林这个"波斯湾明珠"，产出的是真正的明珠呢！

如今有了石油，珍珠这个产业地位有所下降，但是在巴林，仍然能采到又大又圆润的珍珠呢！

曾经的采珠人，在船长的带领下，要出海到很远的海里采珍珠。在过去很简陋的条件下，他们要连续潜水五六十次，每次只能在水下停留一分钟左右。

这么短的时间，要抓紧时间采集。如果遇到鲨鱼攻击，或者身体突然吃不消，那真是非常危险。

如今下海采集珍珠，成了有趣的旅游项目。你也可以体验一把潜水，亲自下到海底，采回来一堆珍珠蚌。哪个里面有珍珠，就看你的运气啦！

从帕米尔高原到黑海——中西亚

巴林 F1 国际赛道

别看巴林这个国家实在是小，但这里却有一条 F1 赛道！

F1 赛车！速度与激情碰撞的科技与美！如果你是一个赛车迷，亲临赛场，看着一辆辆科技感十足的赛车如火箭一般在你面前呼啸而过，你会不会为之疯狂呢？

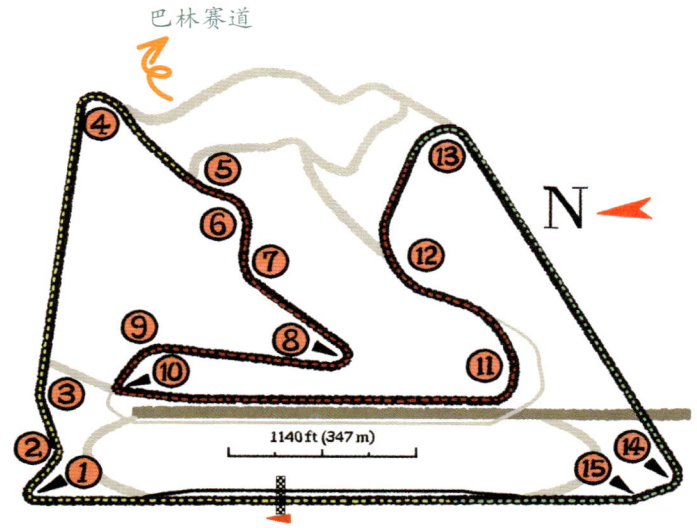

想下场自己体验一下吗？F1 就算了，毕竟那是专业车队玩的。卡丁车总是可以的，穿上赛车服，戴上头盔，把好方向盘，我们自己就是赛车手！超强的速度感，耳边的风声，机器的轰鸣……怎么样，过瘾吧？

塞浦路斯

传说中，希腊诸神之间的争斗在海上留下了一堆泡沫，这泡沫在海上漂浮着，一直不散。风神把这些泡沫漂浮到了塞浦路斯岛的岸边，春神用天上的繁星织成了一件锦衣。从泡沫中走出了一位美丽的女神，她体态丰腴，顾盼生辉，集人间一切美丽于一身。这就是爱与美的女神<u>阿佛洛狄忒</u>，罗马神话中称作<u>维纳斯</u>。

阿佛洛狄忒

奥赛罗

在英国大文豪<u>莎士比亚</u>的笔下，塞浦路斯又是<u>《奥赛罗》</u>故事的发生地。

塞浦路斯有无数张面孔，神话的、历史的、文学的，等着我们去发现。

从帕米尔高原到黑海——中西亚

皮格马利翁——心想事成！

传说，塞浦路斯有一位国王，叫皮格马利翁。他不怎么喜欢治理自己的国家，而是喜欢雕刻。他也不喜欢塞浦路斯的凡间女子，决定永不结婚。

但是他按照心目中最完美女子的形象，用象牙雕刻了一座雕像。他倾注了他全部的情感去雕刻，完成之后，他发现，他爱上了他的"姑娘"。

爱神节到来了，他在爱神阿佛洛狄忒的祭坛上许下了自己的心愿：请赐给我一个像我的"姑娘"一样的新娘吧！

他回到了家里，当他亲吻他的"姑娘"的时候，他感受到的不是雕像的冰冷，而是温暖和柔软——他的"姑娘"活了！他向爱神的祈求应验了！

他跟他的姑娘举行了盛大的婚礼，婚后他们生了一个孩子，取名为帕福斯，从此他们一家人幸福地生活着……

皮格马利翁

阿佛洛狄忒神庙

后来，帕福斯成了塞浦路斯岛上一座沿海城市的名字，传说中爱神阿佛洛狄忒从泡沫里出生之后登陆的地点就在这里。这里有古老的阿佛洛狄忒神庙，是敬奉爱神的圣地。

最古老的香水

香水的故乡是哪里？难道不是法国，不是巴黎吗？

当然不是了，是塞浦路斯！

就在距离塞浦路斯首都不远的地方，考古人员发现了世界上最古老的香水。他们从陶制的香水瓶里提取到了凝结的香水精油，成功还原了 4000 年前古人用的香水。

哇！原来这么早人们就会用香水了呀！

你要问是什么味儿的？嗯，跟现在的也差不多吧。再问？再问我也不知道啦。有机会去试试吧！

4000 年前的古代人用的香水瓶

从帕米尔高原到黑海——中西亚

83

跨越两洋的海陆通道——东南亚和南亚

海面上,远远的天边,出现了一个黑点。黑点越来越大,变成了一群。近了,近了,渐渐可以分辨出来——那是一支舰队正在缓缓驶来。看那船队,大大小小的航船有几百艘,领头的是一艘大大的木船——呀!那不是郑和的宝船嘛!看,他们正在乘风破浪,转进南洋,直下西洋!

越南

 ## 一根长长的扁担

任谁看到越南的国土形状，都会发现一个特征：长。

越南的国土又窄又长，紧紧贴着中南半岛，沿着南海一路向南，南北跨度有1650千米，海岸线长度更是有3260多千米，但是东西方向却十分狭窄，最窄的地方只有50千米。1650千米的直线距离，从北京出发差不多能到福州了，可是50千米的话，也就比北京的三环路稍微长那么一点点，也就是说，在越南最窄的地方从海边往内陆走，差不多在北京三环路上绕一圈的工夫，就已经出国了。

越南的国土就像这个扁担，长长的。

这么狭长的国土，就像一根扁担一样，北边挑着红河三角洲，南边挑着湄公河三角洲——这就是越南的地理格局。

有意思的是，红河发源于我国的云南省，而湄公河发源于我国的青海省，在中国的河段叫作澜沧江，我国跟越南是真正"山水相连"的邻国哟！

"南天小中华"

差不多1000年前,越南成了一个独立的国家。但是越南长期受到中国文化的影响,曾经跟我们穿戴同样的衣冠,使用同样的汉字,他们的历史也都是用汉字记载下来的。

他们一度自认为是"南天中华"。现在如果你到越南去,看到越南的皇宫、寺庙等等古建筑,都会有一种似曾相识的感觉,因为它们简直就是中式建筑的翻版。那上面的牌匾、楹联等等,凡是有字的地方,可能你都能很顺利地读出来,但是现在越南的年轻人恐怕已经不认识了。

跨越两洋的海陆通道——东南亚和南亚

古都顺化

越南的首都是位于北部红河三角洲的河内，最大的城市是南部湄公河三角洲的胡志明市，但是越南末代王朝的古都，却是在"扁担"中间的顺化。

古皇城

这里有金碧辉煌的宫殿，有巍峨的城郭，还有气派的皇陵，这些都让越南人引以为豪。

顺化古皇城是世界文化遗产，它倚山临水，按古代的标准来说，确实是皇家级的好风水。

到古皇城跟前，你可能会有点眼熟，因为这简直就是小了一号的故宫。其实它当初修建的时候，参考的就是北京紫禁城的样子，所以整个皇宫的格局就跟北京故宫很像，也有中轴线，甚至也有太和殿。

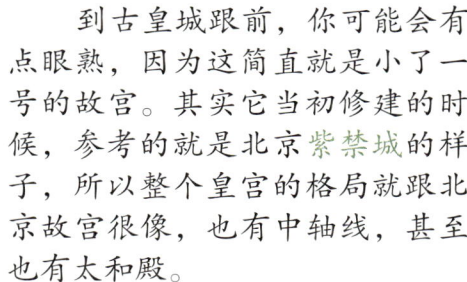

保大帝

古皇城的正门也叫午门，1945 年 8 月 30 日，越南的最后一位皇帝保大帝，就是在午门正式宣布退位的，越南也从那天起，废除了封建君主制度。

跨越两洋的海陆通道——东南亚和南亚

奥黛、斗笠、高跟鞋

越南最有特色的服饰是什么？当然是姑娘们穿的奥黛啦！

奥黛由上衣和裤子组成，上半截有点像中国的旗袍，但是这件上衣却很长，长到一直把脚踝都盖住了。奥黛非常收腰，把越南姑娘的身段衬托得婀娜窈窕。走起路来，前后两片裙摆随风飘动，露出素色的长裤，真的是摇曳生姿啊！

这么美的奥黛，当然要搭配越南特有的斗笠啦！你看它尖尖的顶、圆圆的边，又好看、又实用，可以遮风挡雨，当然也可以戴在头上美美哒！别小看这么一顶好像简简单单的斗笠，它背后包含的可是越南无价的文化和历史，还有工匠们的耐心和细心哦！

对了，还要来上一双高跟鞋哦！奥黛、斗笠、高跟鞋——这是越南传统穿着的标配呢！

在满植着热带树木的街道上，一个个身穿奥黛、头戴斗笠的姑娘骑着自行车从你身边经过——那浓郁的越南风情就扑面而来了。

缅甸

胞波情谊

缅甸也是中国的友好邻邦，跟我国的西藏和云南接壤。缅甸最主要的河流伊洛瓦底江、萨尔温江、湄公河，都发源于中国，在中国境内分别叫独龙江、怒江、澜沧江。

中缅两国人民的传统友谊源远流长，这有一个专门的词语，叫作"胞波情谊"。在缅甸语中，"胞波"是兄弟的意思。它还有升级版的叫法，叫作"瑞苗胞波"。"瑞苗"是"亲戚"的意思，这就是亲上加亲啦！缅甸人就是这么称呼中国人的。

根据缅甸著名史书《琉璃宫史》的记载，早在遥远的古代，太阳神之子跟龙公主相爱了，还有了他们爱情的结晶——三个龙蛋。这三个龙蛋后来顺水漂走，其中一个漂到了中国，变成了一位美貌的少女，后来成了中国的皇后。

蒲甘王朝始祖

还有一个龙蛋，沿着伊洛瓦底江顺流而下漂到了缅甸，变成了一位英俊的王子，长大之后继承了王位，这就是缅甸历史上蒲甘王朝的始祖。所以你看，这关系是不是很近呢！

南方丝绸之路

自古以来，中缅两国民间各种往来频繁。早在两千多年之前，除了从长安一路向西、向北的丝绸之路之外，南方其实也有丝绸之路。

西汉时候，张骞奉命出使西域，回来之后，他说自己在中亚的大夏国见到了蜀地——也就是现在的四川地区——出产的布帛和竹杖。蜀地远在南方万里之遥，那里出产的东西怎么会出现在张骞刚刚出使的西域之地呢？

这说明，在两千多年前，从蜀地出发，翻越中国西南的崇山峻岭，还有一条丝绸之路，在今天看来，这就是从四川经云南到缅甸、印度的南方丝绸之路。

竹杖用处很多，比如：手杖、伞柄、钓鱼竿……

竹杖

木棉

宝石

千百年来，在这条道路上行走的是各色马帮。当地来往的商人翻山越岭，顺着独龙江（流入缅甸以后叫伊洛瓦底江）和怒江（流入缅甸以后叫萨尔温江）的水道进入缅甸，运去中国的丝绸，换回缅甸出产的宝石、翡翠、木棉，还有印度出产的犀角、象牙。这条路继续向西延伸，从印度进一步通往中亚、西亚和欧洲，跟北方的丝绸之路连在了一起。

跨越两洋的海陆通道——东南亚和南亚

佛国的大金塔

南方丝绸之路不仅是商业通道，还是文化通道。比如流传于缅甸和中原的佛教，就在这条道路上互相碰撞、交流。

缅甸，是一个佛国，在这里，佛教徒占全国人口总数的80%以上。缅甸的男孩子一生当中至少要剃度出家一次，这是缅甸独特的成人礼，被认为是一件积德的事情。出家之后还可以还俗，但是也有的人就终生做僧人了。

蒲甘

这里随处可见高高的佛塔，可以说佛塔如林，尤其是被称为"万塔之城"的蒲甘。不过最著名的佛塔，当然是仰光的大金塔了。

坐落在伊洛瓦底江入海口的仰光，曾经是缅甸的首都，在2005年，缅甸才把首都迁到了内陆的内比都。但仰光依然是缅甸第一大城市。

仰光大金塔的塔身用砖砌成，从上到下贴满了金箔，用的黄金加起来有7吨多重！塔的四周挂满了1万多个金、银铃铛，风吹过，发出清脆悦耳的声音，传遍四方。塔顶纯用黄金铸成，周围镶嵌着成百上千颗宝石翡翠，实在是雍容华贵，雄伟壮观！

释迦牟尼

它的建造年代在2600多年以前，那时候佛陀本人还在世。相传当时缅甸的商人去印度经商，在一棵菩提树下巧遇了佛祖释迦牟尼，佛祖赐给他们8根头发，他们将佛发带回缅甸，在缅王的帮助下，修筑了这座大金塔。初建时佛塔还没有那么高大，经过历代整修，成了现在的规模。

跨越两洋的海陆通道——东南亚和南亚

仰光大金塔气势宏伟，建筑技艺精湛，是驰名世界的佛塔，是东方艺术的瑰宝，也是缅甸的国家象征。每逢节日，很多人都到这里来拜佛。进入佛塔时必须光着脚，否则就是对佛陀的最大不敬，这一点就连国家元首也不能例外。

宝石之国

还记得前面讲过的"三个龙蛋"的故事吗？那里只讲了其中两颗龙蛋的去向，那么第三颗龙蛋呢？第三颗龙蛋漂到了缅甸的抹谷地区，变成了无数美丽的红宝石。

缅甸是世界上最大的宝石生产国之一，宝石的主要产地就在抹谷。这里盛产红宝石、蓝宝石，出产着世界上最优质的"鸽血红"级红宝石。

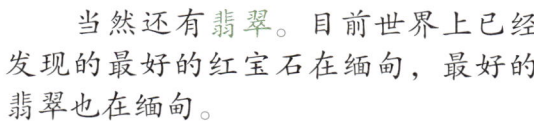

当然还有翡翠。目前世界上已经发现的最好的红宝石在缅甸，最好的翡翠也在缅甸。

这些漂亮的石头，每年为缅甸贡献着巨额的财政收入，是缅甸真正的国家宝藏。

没有姓氏的缅甸人

缅甸人只有名字，没有姓氏。

你说不对呀，我们看新闻的时候，不是经常看到有说缅甸的"吴××"什么的吗？但是"吴"不是姓氏哦，那只是一个表示尊敬的前缀，意思是"叔伯""先生"。

貌阿明　　　　　郭阿明　　　　　吴阿明

类似这样的前缀在缅甸还有很多。一个人从小长到大，他可能会经常变换这个前缀。小的时候，他会被叫作"貌××"，意思是"弟弟"。长大一点，跟他年龄差不多或者比他小的人可以叫他"郭××"，意思是"哥哥"。等他上了年纪，或者有了一定的社会地位之后，他就会被叫作"吴××"了。这是一个表示尊敬的称呼，但是他自己表示谦虚的话，依然可以自称为"貌××"。

所以，见到缅甸人，可不要弄错哦！尤其是见到年纪大的人，他自己可以叫自己"貌××"，但是你要称呼他，可是要叫"吴××"哦！

柬埔寨

吴哥窟

柬埔寨最著名的象征，当然就是吴哥窟啦，你看，柬埔寨的国旗上就是吴哥窟的图案。

在公元9世纪到15世纪，定都于吴哥的高棉人（也就是柬埔寨的主要民族）建立了吴哥王朝。这是柬埔寨历史上最辉煌的时代，全盛时期，它的疆域囊括了中南半岛的大部分区域，是东南亚历史上最为强盛的国家。

吴哥窟

但是在 15 世纪，由于外敌的入侵，王朝把首都迁到了金边，从此就成了金边王朝。而吴哥呢？被高棉人废弃了，热带草木在这里野蛮生长，千年的古迹群在不知不觉中淹没在茫茫丛林当中了。

直到 1861 年，吴哥遗址才被法国博物学家发现，向世人重现了它的光辉。

高棉人

而吴哥窟又叫吴哥寺，正是吴哥古迹中保存最完好的庙宇。它那宏伟的建筑和细致的浮雕，吸引着全世界的目光，是柬埔寨当之无愧的国宝。

跨越两洋的海陆通道——东南亚和南亚

金边王宫

吴哥王朝把首都从吴哥迁到金边之后,金边就成了柬埔寨的首都。这里的王宫,是柬埔寨国王居住、办公、会见外宾的地方,是柬埔寨的权力中心,也是金边的标志。

金边王宫

现在的王宫是19世纪中叶,由法国工程师设计建造的,王宫里还有一栋法式建筑。但是王宫的主体是典型的高棉式建筑,你看它的屋顶中央有高高的尖塔,屋脊两端尖尖地翘起来,金碧辉煌。

王宫里的银殿,是柬埔寨王室的家庙,因地板用五千多块银砖铺成而得名。这里有一尊用整块翡翠雕成的翠绿色玉佛像,所以又被称为玉佛寺。这里还有很多金、银、铜佛像,以及许多价值连城的艺术品,你来了可不要把眼睛看花哦!

塔山寺

金边城的发祥地在塔仔山,这里有一座塔山寺。

相传在700多年前,有一位叫"奔"的女子,在暴发洪水的湄公河里拾到了漂流到这里的几尊佛像。她把佛像安放在了塔仔山上,修建寺庙供奉,逐渐在这里形成了繁华的城镇,这就是金边城的雏形。

奔夫人

后来柬埔寨的国王把国都迁到了这里,把这里命名为"普农奔",意思就是"奔夫人之山"。而这在当地华侨的口中,就成了"金边"。

现在塔仔山上还供奉着奔夫人的像。而塔山寺是金边的地标性建筑,也是当地人祈福的地方。塔仔山其实并不高,但却是金边的制高点,站在塔仔山上,可以俯瞰整个金边城。

塔山寺

跨越两洋的海陆通道——东南亚和南亚

万能的水布

每个柬埔寨人都有一种非常重要的生活必需品——水布。

这其实就是一块长方形的布，有的有方格，有的有花条，有的干脆就是一块白布。它看上去普普通通，就是一条普通的围巾。

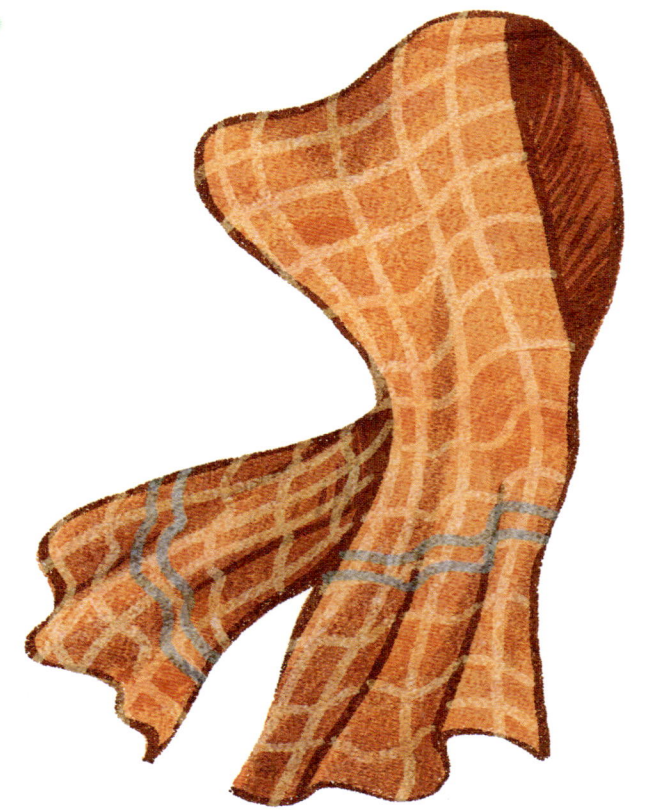

但是，可别小看这块布，在柬埔寨，它几乎人手一条。平时，有的人把它挂在脖子上，有的搭在肩膀上，有的包在头上，有的系在腰间……

可真正看到柬埔寨人用起来，你就会发现，这块布几乎是万能的！

它当然可以当围巾围在脖子上，也可以当头巾、当腰带，不过它的功能远远不止这些。柬埔寨地处热带，白天骄阳似火，当地人就会把这块布打湿，顶在头上，或让水布披在肩膀和背后，防止被太阳晒伤。

因为实在太热了，所以时常需要擦洗，这时候，这块布就可以用作遮挡布和浴巾啦！外出买东西太多拿不了怎么办？拿这块布包一下就好啦！东西很重怎么办？拿这块布垫一下顶在头上不是很好吗？

它还可以当床单、当被子、当桌布、当吊床和宝宝襁布。它那么漂亮，五颜六色的，当装饰也很好啊，当礼品也很棒啊！

这就是柬埔寨人万能的水布，很神奇吧！

跨越两洋的海陆通道——东南亚和南亚

老挺

象鼻子的国度

看上去，老挺的国土就像一头大象的头部，拖着长长的鼻子，躺在中南半岛的群山大河之中。

事实上，这个热带丛林中的国家，也的确有很多大象。在老挺人民的生活中，大象是他们的伙伴，跟他们息息相关。

从前，大象是国王身边的宠物，是吉祥的象征。大象还是老挝人打仗时的坐骑，很早的时候就有象兵参与作战了。老挝人当初建立的澜沧王国，"澜沧"其实就是"百万头大象"的意思。

在老挝，有很多跟大象有关的节日。他们相信大象跟人类一样拥有强大的精神力量，如果你对大象好，那么你将来的生活就会一帆风顺。让我们一起爱护大象吧！

跨越两洋的海陆通道——东南亚和南亚

边境上的首都

老挝的首都是 万象。叫这个名字,难道是因为这里有一万头大象吗?

当然不是了,我们中文把这个城市叫作"万象",只是一个音译的巧合。在老挝语中,它的意思是"檀木之城"。

也就是说,虽然大象的确是不少,但檀木才是这里更具特色的物产呀!

万象坐落在湄公河畔,沿着河岸延伸发展,像一弯新月,所以万象又有"月亮城"的称号。

隔着湄公河,万象城的对岸就是泰国的廊开府,所以,它是世界上少有的设在 国界附近 的首都之一。

万象的古迹名胜风格独特,有著名的塔銮、凯旋门、万象纪念碑、无名战士纪念碑等,都显示出杰出的文化和艺术特色。

其中的 塔銮,是一座砖石结构的佛塔,由一座主塔和 30 个 小塔组成,金光闪闪,直插云霄,是老挝的国宝。你可以去看看它跟仰光的大金塔有什么区别哦!

万象佛塔

东南亚第一的湄公河

老挝是个内陆国。东南亚可就这么一个内陆国,所以老挝在一众邻国当中,显得有些特别。

没有海,河流也就特别重要。对老挝来说,最主要的河流就是万象城边上的湄公河。

这条湄公河,我们已经说过不止一次啦。它发源于中国,在中国的河段名叫澜沧江。还记得"澜沧"是什么意思吗?"百万头大象"!

湄公河

它是亚洲最重要的跨国河流,东南亚第一长河,也是亚洲第三、世界第七长河。它流经中国、缅甸、老挝、泰国、柬埔寨和越南,在越南的胡志明市附近流入南海。

在老挝境内,湄公河流过了长长的将近2000千米,有时候是完全在境内,有时候是老挝跟缅甸或者泰国的界河。老挝的古城琅勃拉邦、首都万象,以及一系列重要的城镇,几乎都在湄公河畔。

湄公河是老挝人民的母亲河,它的重要性就相当于黄河、长江之于中国人。

文莱

🌏 浡泥古国

永乐皇帝

浡泥国国王

话说明朝永乐年间，在南海的最南岸，有一个浡泥国国王仰慕中华文化，率领着他的妻子、弟弟妹妹、儿子女儿组成庞大代表团，远涉重洋来到南京，朝见当时中国的永乐皇帝。永乐皇帝非常高兴，重重地赏赐了他们。

可惜乐极生悲，国王还没来得及回国，就在南京病逝了。临终之前，浡泥国国王希望"体魄托葬中华"。遵照他的这一遗愿，永乐皇帝按照王侯的礼仪，把他安葬在了南京。

这个浡泥古国，就在现在的加里曼丹岛北部，大概就是现在的文莱一带。

这个浡泥国王墓现在还在，小朋友们去南京的时候可以去看看哦。

古浡泥国王麻那惹加那乃之墓

 ## 富裕的小岛国

文莱所在的加里曼丹岛，是世界第三大岛，但是文莱却是一个面积只有5700多平方千米的小国——比我国上海市的面积还要小一点，人口只有40多万哦！

而就在这片不大的国土之下，蕴藏着丰富的油气资源，于是石油天然气产业，就成了文莱的经济支柱。

在财富的支撑之下，文莱人可以生活得十分从容自在。文莱是世界上福利政策最好的国家之一：文莱公民接受教育，全部免费；文莱公民住院医疗，全部免费；文莱公民买车、买房，经商和个人收入，都无须纳税；不仅不纳税，国家可能还会时不时地给公民发钱！

所以，这是一个生活非常安逸的岛国。

跨越两洋的海陆通道——东南亚和南亚

印度尼西亚

🌐 千岛之国

印度尼西亚是一个群岛国家，意思就是——它整个国家就是由一群岛屿组成的。它也是世界上最大的群岛国家，别称"千岛之国"。但实际上，它是由 1.75 万多个岛屿组成的，远远不止"千岛"。

雅加达

它是东南亚最大的国家，也是东南亚人口最多的国家，人口数在全世界排第四。不过，将近 3 亿的人口，可不是平均分布在这 1 万多个岛上的。它的首都雅加达所在的爪哇岛，并不是全国最大的岛，甚至只能排到第五，面积仅占全部国土的 7%。但是这个岛上却集中了 1.45 亿的人口，占到全国人口的一半以上！所以，爪哇岛就成了世界上人口密度最高的岛屿之一。

传说中的香料群岛

西方近代史的开端,是所谓的**大航海时代**,或者叫**地理大发现时代**。15-17世纪,欧洲的船队出现在世界各处的海洋之上,寻找新的贸易通路,也让世界各地原本独立发展的人类文明连成一体。

这一切开始的动力是什么?其中很重要的一个因素,就是**香料**。

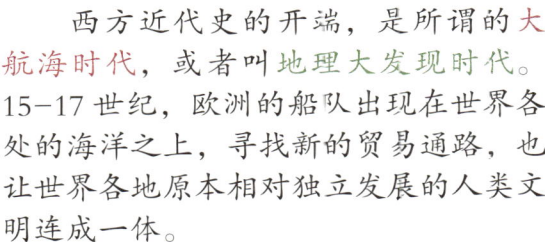
胡椒

香草

香叶

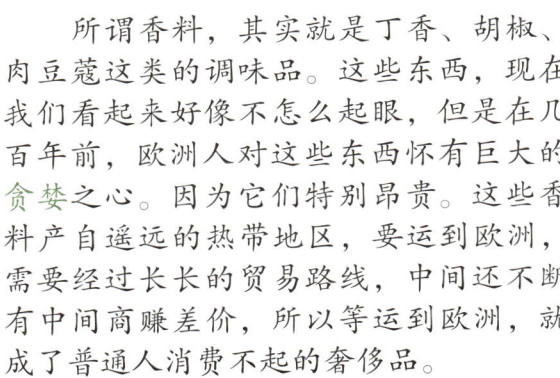
罗勒

八角

丁香

所谓香料,其实就是丁香、胡椒、肉豆蔻这类的调味品。这些东西,现在我们看起来好像不怎么起眼,但是在几百年前,欧洲人对这些东西怀有巨大的**贪婪**之心。因为它们特别昂贵。这些香料产自遥远的热带地区,要运到欧洲,需要经过长长的贸易路线,中间还不断有中间商赚差价,所以等运到欧洲,就成了普通人消费不起的奢侈品。

跨越两洋的海陆通道——东南亚和南亚

  但是，这也意味着巨大的商机。欧洲人就想：如果能控制香料的原产地，那不就赚翻了？

  那么，香料的原产地在哪里呢？就在东南亚，在一片被欧洲人称为"香料群岛"的地方。

  于是，他们就组建了船队，一代又一代的航海家前赴后继，远涉重洋，来到了东方。在这个过程当中，他们发现了好望角，发现了美洲"新大陆"，发现了地球是一个球形……

  那么，传说中的香料群岛在哪里呢？最主要的一片就在印度尼西亚东北部地区，叫作马鲁古群岛，也叫摩鹿加群岛。

泰国

郑信大帝

泰国的旧称是暹罗，现在的国名叫"泰王国"——是的，泰国是一个王国，有国王的哦！

在大约300年前，那时泰国的大城王朝被缅甸所灭，泰国人在郑信将军的率领下，赶走了缅甸驻军，把首都迁到了南方的吞武里，建立了吞武里王朝。

郑信

跨越两洋的海陆通道——东南亚和南亚

这位郑信将军，祖籍广东潮汕地区。他就是泰国的吞武里大帝，或者叫郑信大帝，历史上称为"郑皇"。

每年的12月28日都是泰国的"郑皇节"。这一天是当年吞武里大帝登基的日子，泰国人用这样的纪念日表示对这位英雄的怀念。在曼谷市的吞武里广场中央，有郑皇达信纪念碑，对岸吞武里城建有郑王庙，供世人永远纪念。

郑皇达信纪念碑

世界上最长的首都名

郑信死后,后继的王朝把首都迁到了湄南河对岸的曼谷,这就是曼谷王朝,一直延续到今天。

曼谷,是泰国的首都,也是泰国最大的城市,甚至是中南半岛上最大的城市,在东南亚都是数一数二的国际化大都市。

可是曼谷,其实并不叫曼谷。它的名字是这样的:

> กรุงเทพมหานคร อมรรัตนโกสินทร์ มหินทรายุธยามหาดิลก ภพนพรัตน์ ราชธานีบุรีรมย์ อุดมราชนิเวศน์ มหาสถาน อมรพิมาน อวตารสถิต สักกะทัตติยะ วิษณุกรรมประสิทธิ์

啊呀,没关系,我也看不懂这一堆泰文,你就知道它很长——就对啦!

这是什么意思呢?

> 天使之城,宏伟之城,永恒的宝石之城,永不可摧的因陀罗之城,被赋予九颗宝石的宏伟首都,快乐之城,充满着像是统治转世神之天上住所的巍峨皇宫,一座由因陀罗给予、毗湿奴建造的城市

跨越两洋的海陆通道——东南亚和南亚

115

曼谷大皇宫

既然有国王，就有王宫。曼谷大皇宫是曼谷乃至泰国的地标。

这是有两百多年历史的古建筑群，曼谷王朝的历代国王，从拉玛一世到拉玛八世都住在这里。直到现在，它还是接待外国元首、举行国家庆典的地方。不过现在它已经向游客开放啦！

曼谷大皇宫

高高的白色宫墙，别具特色的宫殿，屋顶上一水的绿色瓷砖，尖尖的屋顶，凤头飞檐，典型的泰式皇家建筑风格，可不是简简单单一句"金碧辉煌"就可以形容的哦！

 普吉岛

普吉岛是泰国最大的岛屿，也是一座著名的度假岛，泰国主要的旅游胜地。

这里有宽阔的海滩，洁白的沙粒，碧绿的海水，非常适合旅游度假、休闲玩耍。

普吉岛

海边嘛，最有特色的就是众多的水上项目。你可以游泳，可以潜水，可以冲浪，还有各种独木舟、香蕉船……保证让你手舞足蹈，停不下来！

玩累了就在沙滩上走走，阳光下晒晒，礁石旁挖挖，说不定还能有什么收获呢！

跨越两洋的海陆通道——东南亚和南亚

菠萝炒饭

莲雾

木瓜

山竹

　　有美景，当然还有美食！泰式炒河粉、冬阴功汤、青木瓜沙拉、泰式菠萝炒饭……还有各种海鲜，无论你想怎么做，泰式、中式还是西式，都好吃得没的说！还有各色热带水果，香蕉、杧果（俗称：芒果）、榴莲、菠萝、荔枝、龙眼、木瓜、火龙果、柚子、石榴、柠檬、椰子、山竹、波罗蜜、莲雾、人参果、西番莲……你吃过的没吃过的，见过的没见过的，实在是太多了！

　　夜幕降临，人们在岛上各处狂欢，真是一座"不夜城"！

最虔诚美丽的水灯节

在泰国的传统节日中，最美丽的就是"水灯节"。

很早很早之前，人们认为世间万物都有主宰：山有山神，树有树神，而作为和人类联系最紧密的水神，更是备受人民敬仰。

这一习俗始于 800 年前的素可泰王朝，此后，每年佛历 12 月 15 日的夜晚，无论是在泰国的城市还是乡镇，只要是临水的地方，水面上都会漂满水灯。

跨越两洋的海陆通道——东南亚和南亚

这一天，学校老师会用一天的时间，带着学生用芭蕉树枝、叶子和各种各样的花做一个小小的水灯。到了晚上，大家就呼朋唤友地往有河流或池塘的地方走去，放下水灯，许个愿望。

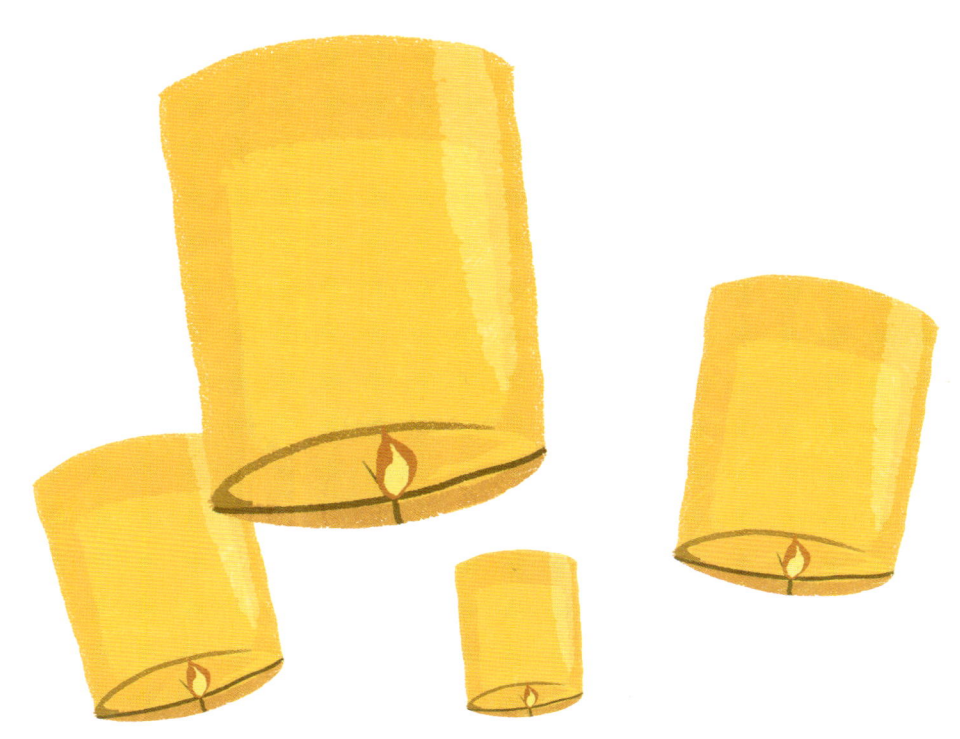

在那个时候，大街小巷人头攒动，水面上烛光摇曳，星星点点的光辉，映照着男女青年们幸福的面庞，气氛是那么虔诚又浪漫。届时一般还会有选美比赛和游行队伍，大家跳着、唱着、笑着、闹着，哪怕你只是跟着走呢，也会觉得其乐融融。

近些年，有些地方还开始用放飞孔明灯的方式来许愿。当承载诸多愿望的孔明灯飞起来时，河流与天空中灯火摇曳，美丽非凡。

马来西亚

吉隆坡和双子塔

马来西亚，简称大马，分为马来半岛南部的西马，和加里曼丹岛北部的东马两部分。

它的首都吉隆坡在西马，同时也是马来西亚最大的城市。这也是一座国际大都会，很多在东南亚召开的国际会议，都会在吉隆坡举行。

吉隆坡1860年才建城，短短一个多世纪，它就从一个泥泞的河口小镇，发展成一个现代化大都市。

如今的吉隆坡，高楼林立，交通四通八达。最高的高楼，当然是吉隆坡的地标——双子塔啦！

吉隆坡双子塔高452米，地上有88层楼，建成的时候是世界最高的摩天大楼。如今虽然已经被超越，但仍然是世界最高的双塔楼。

它很高，在吉隆坡市内各个地方都能看到它；它很壮观，就像两座高高的尖刺直插苍穹。两栋姊妹楼高高壮壮的，像两根玉米。在它们的中段，有一座天桥连接，既方便两栋楼之间来往，也能起到加固作用。这也成了它独特的标志。

站在双子塔上，可以俯瞰吉隆坡最繁华的景象，无论是白天还是夜晚，相信都会让你不虚此行！

双子塔

跨越两洋的海陆通道——东南亚和南亚

马六甲和马六甲海峡

在西马的西面，与西马隔海相望的就是印度尼西亚的苏门答腊岛，两者之间有段长长的水道，就是著名的马六甲海峡。

大概在明朝的时候，苏门答腊岛上的巨港王子为了避祸逃到了马来半岛。在一棵满剌加树下休息的时候，他看见一只小鼠鹿将一只把它逼到绝境的猎狗踢进了河里。王子认为这是吉兆，这个地方必定是一块吉祥之地，于是他把这里命名为"满剌加"并且定居在了这里。这个"满剌加"，就是我们所说的"马六甲"，这段海峡就是以"马六甲"来命名的。

巨港王子

这个海峡非常重要，是沟通印度洋和太平洋的要道。它东岸的马来半岛是从北边的中南半岛一路延伸下来的。而西南面的苏门答腊岛很大又很长，是世界第六大岛，如果要绕过它的话，就要多走很远的路。这样一来，如果想跨越两洋，从马六甲海峡通过就成了 最短、最优 的选择。

瓷器

这里自古以来就是重要的贸易通路。中国明代航海家 郑和 先后七次下西洋，有五次在马六甲停留，把中国的丝绸、茶叶、瓷器等物产和先进的生产技术带到了这里。

跨越两洋的海陆通道——东南亚和南亚

丝绸

茶

现在，这个窄窄的海峡，连接了世界上人口前四位的三个大国：中国、印度、印度尼西亚，每年通过它的贸易运输量占到世界海上贸易总量的四分之一。尤其是石油，中国和日本从中东地区进口的大量石油，几乎都要通过这里运输。它的战略地位，无论在经济上还是军事上，都可以跟苏伊士运河与巴拿马运河相提并论。

🌏 下南洋

马来西亚有大量的华人，其实整个东南亚都有大量的华人，他们多是在近几百年内背井离乡"下南洋"的中国人。

中国人迁居东南亚的历史，可以上溯到汉唐时代。在明朝郑和下西洋的年代，郑和率领的船队在经过马六甲时，也有一部分随行人员留了下来。

这里还有很多来自福建及广东潮汕等地的移民，他们跟当地的马来族或者其他民族通婚，逐渐形成了当地特有的华人群体。这些土生华人主要集中在新加坡和马来西亚的马六甲、槟城。他们当中，男性被称为"峇峇（bābā）"，女性则被称为"娘惹"。

他们保留了大量中华民族的文化传统，又结合了很多当地特色，形成了自己独特的语言、服饰，甚至饮食文化。娘惹菜可是很好吃的哦！

娘惹

峇峇

跨越两洋的海陆通道——东南亚和南亚

125

而在明末、清朝和民国时期，由于战乱和欧洲殖民者对东南亚地区的统治和开发，大批中国人"下南洋"去经商、打工、讨生活，逐渐形成了庞大的南洋华人群体。他们在当地勤奋工作、努力生活，为东南亚地区的繁荣与进步作出了巨大的贡献。

我要靠自己养活自己！

我是杨紫琼。

如今，中国人的脚步已经遍及全世界，而东南亚华人正是海外华人中最大的一个群体。在印度尼西亚、马来西亚、泰国、新加坡、缅甸等东南亚各国，华人群体都有几百上千万的规模。他们是我们在海外的同胞，在历史上的各个时期，都在用不同的方式，为母国的发展发挥着独特的作用。我们熟悉的好多明星就是东南亚华人呢，你知道都有谁吗？

新加坡

🌐 城市国家

新加坡是一个国，也是一座城。实际上，它全国只有这么一座城——它是一个城市国家。

它其实是一个岛国，北边隔着柔佛海峡跟马来西亚紧挨着，南面隔着新加坡海峡与印度尼西亚相望。

它面前这段海域，实际上是马六甲海峡南口的一小段。如果说马六甲海峡是全球瞩目的黄金水道，那么新加坡的位置，就更是黄金中的黄金啦！

所以新加坡虽小，却是充分占据了"地利"的优势。它是一个发达国家，曾是"亚洲四小龙"之一，是亚洲重要的金融、服务和航运中心之一。

跨越两洋的海陆通道——东南亚和南亚

狮城、星岛、鱼尾狮

新加坡有很多的别称，比如"狮城""星岛""星洲"等。这都是怎么来的呢？

新加坡古名叫"淡马锡"。相传古时候有一位王子，在乘船环游这个小岛的时候，看到岸边有一头长相奇特的野兽，随行人员告诉他，这是狮子。

他认为这是个好兆头，就把这里命名为"Singapura"（新加普拉）。"singa"的意思是"狮子"，"pura"意思就是"城"，所以这实际上就是"狮城"的意思。后来这个地名逐渐演变成"Singapore"，但还是这个意思。它的中文译名过去也叫"新嘉坡""星加坡"，因为它比较小，所以也叫"星洲"或者"星岛"。

名字叫"狮城"，又跟大海有着深深的联系，所以新加坡的代表性形象，就是一只狮头鱼身的神奇动物。在新加坡市中心，有一个鱼尾狮公园，一座喷水的鱼尾狮雕塑矗立在那里，引来无数游人驻足。

胡姬花

爱尼丝·卓锦

新加坡的国花是胡姬花。胡姬花，其实就是兰花，这是东南亚人民对它的称呼。

作为新加坡国花的胡姬花，是一种特有的品种，是由一位侨居新加坡的女士在一百多年前培育出来的。这位女士名叫爱尼丝·卓锦，这种胡姬花，就以她的名字来命名，叫作"Vanda Miss Joaquim"，意思就是"卓锦女士之兰花"，中文译名"卓锦·万代兰"，寓意"卓越锦绣、万代不朽"。

跨越两洋的海陆通道——东南亚和南亚

新加坡人民非常喜爱胡姬花,它清雅端庄,又低调谦和,象征着新加坡人民的气质。即使在最恶劣的条件下,胡姬花都会争芳吐艳,象征着新加坡人民的刻苦耐劳、勇敢坚韧。

新加坡每年都有大量胡姬花运往中国、西欧、日本、澳大利亚、美国等地,这成了新加坡一种独特的出口产品。

肉骨茶

来新加坡怎么能少得了好吃的呢!

海南鸡饭、辣螃蟹、罗惹、叻沙、椰浆饭、虾炒面……

当然还有肉骨茶!

说是肉骨茶,实际上并不是什么茶。相传早先下南洋的华人因为不适应当地湿热的气候,有很多人都患上了风湿病。为了治病祛湿,他们用各种药材进行熬煮,可是忌讳说这是药,就管这种药汤叫"茶"。

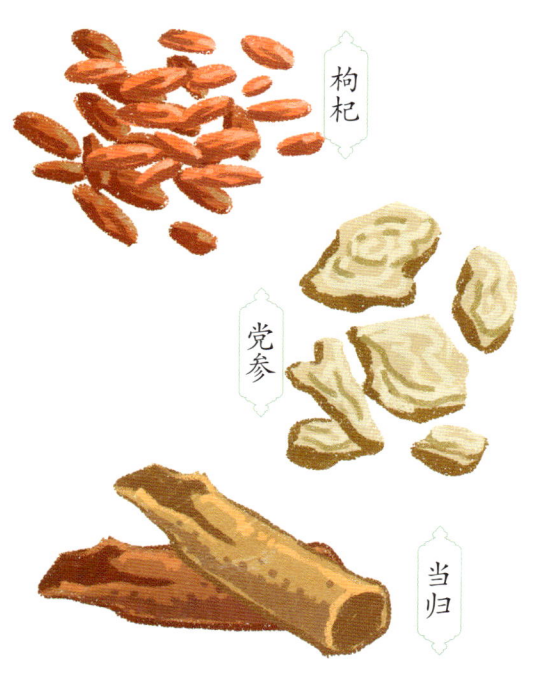

枸杞

党参

当归

后来有人偶然发现，把猪骨放进这种"茶"熬煮，肉也好吃、汤也好喝，而且风味独特，营养丰富，于是经过对配料的不断调整，就变成了今天新加坡、马来西亚等地的特色美食"肉骨茶"。虽然在我们看来，这不就是炖排骨嘛！可人家炖得好吃呀！

肉骨茶

最好吃的肉骨茶，并不见得会在什么高档酒楼，而是在当街的大排档。坐在街边，吃着细嫩的肉骨，喝两口香浓的骨汤，别有一番风味哟！

鞭刑

新加坡整个城市都干干净净，井井有条，被称为"花园城市"。这一切离不开政府的治理和市民的自觉，当然也少不了一些特别的措施，比如新加坡特有的鞭刑。

所谓鞭刑，就是拿鞭子抽呗。不过他们用的可不是一般的鞭子哦！行刑的鞭子用藤条制成，有1.2米长，1厘米多粗，打之前还要在清水中浸泡一夜，让它充分吸水，以增强柔韧性。

藤条

小朋友，要遵纪守法哦。

行刑的人都是受过特训的，个个身材魁梧，膀大腰圆，一鞭子打下去，要求是必须皮开肉绽。

行刑过程中，一直有医生在旁边守着，每一鞭子打完，医生都要上前检查，看看受刑的人还能不能承受下一鞭。如果不行，就要暂停行刑，把剩下的鞭数暂且记下来，等养好伤之后再来接着打。

想想这样的鞭子打在屁股上，没几下就伤痕累累了，那个痛啊，所以，一定要遵纪守法呀！

菲律宾

椰子之国的椰子宫

菲律宾也是东南亚的一个群岛国家，它在我国南海的东南边，隔着巴士海峡与我国的台湾地区遥遥相对。

这里物产丰富，风景秀丽。岛屿和岛屿之间，是碧波粼粼的内海。白烟缭绕的火山岛上，长满了五彩缤纷的奇花异草。当然，也少不了椰子树的身影。

马尼拉

在热带地区，椰子算不得什么稀奇的东西，但是菲律宾尤其盛产椰子，椰子和椰油是这个国家重要的出口产品，品种和产量能达到全世界的三分之一——世界第一哦！因此，菲律宾被称为"椰子之国"真的是实至名归。

跨越两洋的海陆通道——东南亚和南亚

为了展示"椰子之国"的风貌，菲律宾甚至建造了一座椰子宫。

椰子宫坐落在菲律宾的首都马尼拉，是一座用椰子树精心建成的"椰子博物馆"。这座建筑从房顶、支柱，到室内装潢、家具，包括各种吊灯、台灯，几乎都是用椰子树和椰子壳做的。

椰子宫

椰子宫被层层的椰子树环绕，地上绿草成茵，到处鸟语花香。漫步在这样的海边花园当中，闻着空中飘来的阵阵椰香，让人感觉整个世界都平静了下来。这真的是一个奇特的热带园林呢！

菲律宾有7100多个岛屿，有温暖的海水和大片的珊瑚礁，来这地方不去潜个水岂不可惜？

可以浮潜。只需要简单的装备就可以下水，轻装上阵少了很多束缚。但是浅层水域好像没有那么多鱼鱼呀？

也可以深潜呀。背上氧气瓶，从头到脚披挂上阵，可以潜更深，也就可以看到更多的海洋生物，这才是真正的自由呢！

成群结队的热带鱼类在水中游弋，还有各个年代的神秘沉船等待你去探访——这简直就是潜水者的天堂啊！赶快化身美人鱼，去珊瑚礁里跟鱼鱼们来个亲密接触吧！但是，不管哪种潜法，一定要注意安全哦！切记切记！

薄荷岛上的巧克力山

薄荷岛

我是眼镜猴。我像不像戴着一副眼镜?

薄荷岛,是菲律宾的第十大岛。这里有碎珊瑚形成的白色的沙滩,有清澈见底的海水,有悠闲的乡村生活,有世界上最小的迷你眼镜猴子……但是最有意思的,还是这里的巧克力山。

呀,巧克力山哦!是说山上都是巧克力吗?

当然不是啦,不过也有点那个意思吧……

巧克力山

巧克力山,说的是薄荷岛上有一千多座圆锥形的小山丘。这些小山丘长得像一个个特大号的超级馒头,上面的土很薄,长不了什么树,一到了雨季上面就长满了绿绿的草。但是到了旱季呢?山丘上的草木干枯,逐渐变成了褐色,远远看去,就像一个个——不对,是一排排的巧克力"长"在大地上。

留在中国的苏禄国王

记得前面咱们说过的<u>浡泥国</u>吗？在明朝初年，那里的国王到中国来朝见，客死在南京，也就葬在了那里。

无独有偶，以现在的菲律宾苏禄群岛为中心，古代有一个苏禄国，在明朝永乐年间，他们的国王也到中国来朝贡，而且一来就来了仨！其中一位，也是永远留在了中国。

这位东王穿着汉服还挺神气的呢！

苏禄国东王

跨越两洋的海陆通道——东南亚和南亚

原来，古代苏禄国的权力掌握在三家王侯的手中，分别是东王、西王和峒王，其中东王的权力最大。这三王带着几百名家眷和侍从远涉重洋来到中国，受到了明朝永乐皇帝的盛情款待。

他们在北京愉快地待了二十几天，然后顺着京杭大运河南下回国，途中，东王在山东德州不幸病故了。消息传来，永乐皇帝深感痛惜，派人赶往德州，以藩王的礼仪，把东王葬在了那里。

东王的后代也定居在了那里，世世代代为东王守墓，后来入了中国籍，成了中华民族大家庭中的一员。

这个苏禄王墓至今还在山东德州，是数百年来中菲友好的象征。它跟前面提到的南京的浡泥国国王墓，是中国境内仅有的两座外国君主陵墓。

东帝汶

一个小名叫"东东"的国家

东帝汶是一个岛国，因为主要在帝汶岛的东部，所以叫东帝汶。

其实"帝汶"的意思，就是"东方"，所以，"东帝汶"的意思，就是"东东"——这算是它的小名吗？

整个帝汶岛的形状，像一只鳄鱼。根据当地的传说，帝汶岛就是由一只老鳄鱼的身体变成的。

传说当年有一个小男孩在一只老鳄鱼生病的时候帮助了它，后来为了报答这个小男孩，老鳄鱼的身体就变成了帝汶岛。据说岛上的当地人都是这个小男孩的后代呢！

这是一个新生不久的国家，是进入21世纪以后第一个新成立的国家。在所有的亚洲国家当中，东帝汶是唯一一个完全位于南半球的。

跨越两洋的海陆通道——东南亚和南亚

帝力和基督像海滩

帝力基督像

东帝汶的首都是帝力。它坐落在帝汶岛的东北海岸,三面环山,是一个深水良港。

靠海的地方怎么能少得了美美的海滩呢?比如,这里著名的"基督像海滩"。

既然叫"基督像海滩",顾名思义,就是这个地方有一座著名的基督雕像。知道巴西里约热内卢有一座著名的基督雕像吗?对的,这个地方的基督雕像也是类似的。它高高地矗立在帝力东部的悬崖上。想上去看看吗?要爬上去哦。登高望远,可以俯瞰整座帝力城呢!

这是巴西基督像,是不是很像?

看够了吗?到海滩上来转一转吧。在南半球细软的海滩上吹吹海风,看看海景,逗逗海鸟,吃吃海鲜……对了,一定要尝一尝东帝汶的国菜哦,那是一种盛在一片香蕉叶子上的辣鱼,味道……你自己尝尝吧!

这里还是潜水的好地方。在五彩斑斓的珊瑚里,看着游来游去的各种各样的热带鱼,你会不会觉得自己也变成了一条鱼呢?

印度

南亚次大陆

你知道地球上有几块大陆吗？

对了，现在地球上有 6 块大陆：亚欧大陆、非洲大陆、南美大陆、北美大陆、南极大陆、澳大利亚大陆。

那你听过"次大陆"这个词吗？

有的大陆很大，中间有一些部分，被一系列的山脉分隔，形成了一个相对独立的地理单元，被称为"次大陆"。这其中最著名的，就是"南亚次大陆"，甚至"次大陆"这个词，有时候就是专指"南亚次大陆"，或者叫"印度次大陆"。

看名字就知道，印度就在这块"次大陆"上。

高大险峻的喜马拉雅山脉和喀喇昆仑山，把印度半岛跟欧亚大陆的其他地区隔绝开来，而它的南面、东面、西面，三面都直接面向浩瀚的印度洋。这片区域在古代就被统称为印度地区。如今，印度就是这块"次大陆"上最大的国家。其他的还有巴基斯坦、孟加拉国、斯里兰卡、尼泊尔、不丹等国。

跨越两洋的海陆通道——东南亚和南亚

唐僧确定的名字

张骞

在中国，印度的古名叫"身毒"或者"天竺"，至少在西汉的时候，中国人就已经知道这片地域了。还记得南方丝绸之路吗？张骞通西域时，在大夏见到的蜀地出产的竹杖，就是从中国西南地区，通过身毒传过去的。

玄奘

"印度"这个名字是后来才用起来的，这跟我们都熟悉的一个重要人物有关，他就是唐僧，也就是唐朝的玄奘法师。

在公元7世纪，也就是中国唐朝时期，印度遍地都是佛寺。玄奘法师万里迢迢，去往西天求取真经，这"西天"，指的就是那时所说的"天竺"。

但是在他回国之后写的《大唐西域记》中，他写道，"天竺"这个名称并不是很准确，各种各样的译名让人眼花缭乱，也并不对，还是我来定一个准确的译名吧：印度。

从此以后，这片地域在汉语中，就叫"印度"啦——有意思吧？"印度"这个名字，居然是唐僧取的呢！

诸神的国度

尽管玄奘来印度的时候,印度到处都是佛寺,但是在如今的印度,佛教的势力非常弱小。

印度是世界上受宗教影响最深的国家之一,绝大部分人信仰宗教。他们信奉的宗教五花八门,有锡克教、佛教、耆那教这样的本土宗教,也有祆教、基督教、伊斯兰教这样的外来宗教,印度也因此被称为"宗教博物馆"。而其中在印度影响力最大的宗教,是印度教。

象头神犍尼萨为印度教及印度神话中的智慧之神、破除障碍之神。

印度教的符号

印度教在印度的信徒超过印度总人口的80%。我们知道印度是世界第二人口大国,仅次于中国。这样说起来,也就是说在印度有差不多10亿人信奉印度教!

印度教不是某位教主创立的,而是在长期社会发展过程中形成的,它是一个多神教,据说印度教的神多达3.33亿!它的教义非常复杂,有繁复的宗教仪式和众多的宗教节日,它已经深深地融入了印度的社会生活当中。

跨越两洋的海陆通道——东南亚和南亚

印度教有很多的圣城，其中最著名的，是瓦拉纳西。它坐落在印度的母亲河——恒河岸边，相传兴建于 6000 年前。

瓦拉纳西

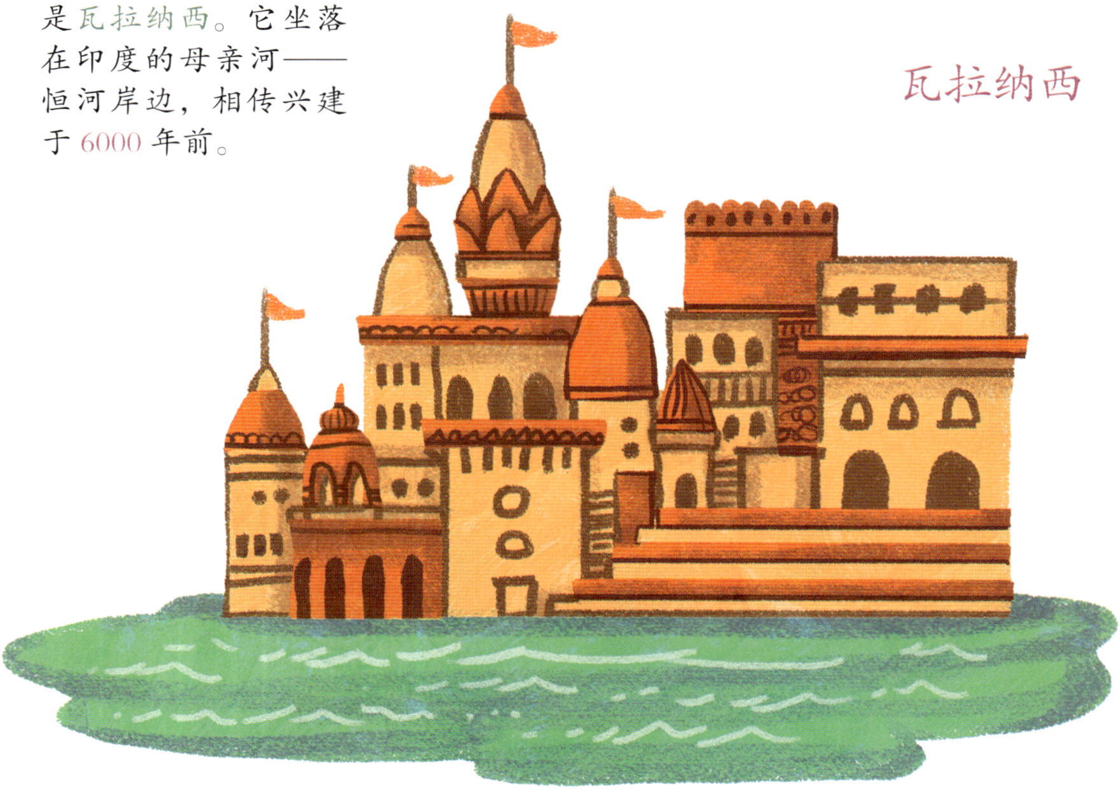

当年玄奘法师在印度游历的时候，这里已十分繁荣，这在他的《大唐西域记》中有非常详细的记述。

这座城市在佛教中的地位也很重要，因为这里的鹿野苑，是佛陀得道成佛之后第一次讲法的地方。

而对于印度教徒来说，瓦拉纳西的神圣就不用说啦！他们认为恒河的水能够自我清洁，在瓦拉纳西的恒河畔沐浴，就可以洗掉一生的罪孽与病痛，荡涤污浊的灵魂。他们认为在瓦拉纳西的恒河畔浸泡逝者后火化，并将骨灰撒入河中能够超脱生死轮回，那熊熊燃烧的火焰和千万年流淌不息的恒河水，可以让自己的灵魂得以安宁。

泰姬陵

印度最具标志性的古迹，当然是泰姬陵啦！

泰姬陵是一座用白色大理石建成的巨大的宫殿式陵园，集伊斯兰和印度建筑艺术于一身。一般的陵墓，再怎么富丽堂皇，也总会让人感觉到有一些阴森和冷寂，但是在泰姬陵，你感受到的只有它在天地之间的美与和谐。尤其是花园和水中的倒影融合在一起的美景，简直令人叹为观止。印度大文豪泰戈尔把它称为"时间面颊上的一滴泪"。

泰姬陵修建于17世纪，是印度莫卧儿王朝的皇帝沙·贾汗为了纪念他的第二任妻子而修建的。

沙·贾汗深爱他的这位妻子，跟她一起生了14个孩子。但是，在第14个孩子出生时，妻子死于难产。沙·贾汗悲痛万分，据说一夜间白了头发。他为妻子修建了这座美丽绝伦的陵墓，前后花费了二十几年的时间，几乎耗尽了国库。

沙·贾汗

原本沙·贾汗计划在河对岸修建一座自己的陵墓，和泰姬陵一模一样，只是全部用黑色大理石建成，两座陵墓之间用半边白色、半边黑色的大理石桥连接，这样他和他的爱妻就可以相对长眠。

但是，这么浪漫的设想却再也无法达成了。他的儿子奥朗则布发动政变夺取了皇位，把他的老父亲囚禁在了阿格拉的红堡。

这里离泰姬陵并不远，从窗户里就能看得到他已经逝去的爱妻的陵墓，但他却也只能在那里远远地思念。沙·贾汗的余生就在这里度过，死后跟他的爱妻合葬在了泰姬陵。

这真是一个悲伤的故事，但是却给世人留下了这座美轮美奂的建筑。

宝莱坞

美国有个好莱坞，印度有个宝莱坞。

世界上每年出产电影数量最多的地方是哪里？不是美国的好莱坞，而是印度的宝莱坞。宝莱坞位于孟买，是印度广受欢迎的电影工业基地的别名。

你对印度电影的印象是什么呢？音乐片＋歌舞片？是啊，传统的宝莱坞影片中，演员们动不动就唱起了歌，跳起了舞。而且通常这样的电影还很长，填充了一堆大众喜闻乐见的桥段，足够值回票价。

宝莱坞明星在印度的影响力很大，大明星在欧美世界都可以跻身名流。这是一张印度独特而美丽的名片，已经成了现代印度的一个标志。

巴基斯坦

叫"印度"的河在巴基斯坦

我们通常说的四大文明，包括古巴比伦、古埃及、古印度，还有我们的华夏文明。其中的古印度文明，主要指的是以古代印度河流域为中心的文明，而印度河，现在主要在巴基斯坦。

本来，这条河叫 Sindhu（信度），就是"河流"的意思，后来传到西方，拉丁文转写成"Indus"，逐渐变成了西方对这一整片区域的名称，其实就是"印度"。1947年，印巴分治，这条叫"印度"的河，主要流域划到了巴基斯坦，成为巴基斯坦的重要河流。

印巴分治后，两国关系紧张。两国哨兵经常在边界较劲。

印度河发源于青藏高原，上源就是我国西藏的森格藏布河，也叫狮泉河。它流过喜马拉雅山脉和喀喇昆仑山之间，干流贯穿整个巴基斯坦，在卡拉奇附近流入阿拉伯海。

数千年来，印度河滋养了沿岸的一代代文明，如今仍然为巴基斯坦等国带来农业灌溉和航运的便利。

乔戈里峰（K2）

乔戈里峰

世界第一高峰是哪座山峰呢？我们都知道，是中国和尼泊尔边境上的珠穆朗玛峰。

那么世界第二高峰是哪座山峰呢？这就是中国和巴基斯坦边境线上的乔戈里峰了。它在登山界有个更著名的代号，叫作"K2"。

乔戈里峰海拔8611米，看数字比珠穆朗玛峰要矮上200多米，但是，它却是国际登山界公认的8000米以上攀登难度最大的山峰，比攀登第一高峰珠穆朗玛峰还要难。

它深深地藏在中巴边境的喀喇昆仑山的高原群山当中，被重重山峰阻隔，不到离它很近的地方，你甚至都看不到它。要想登上它，首先要花费好几天的时间，走过非常艰难的山路，等你走到山脚下的时候就已经精疲力竭了。也正因为如此，攀登乔戈里峰才这样值得挑战。

正像那句著名的问答所说的——

为什么要登山？

因为山就在那里。

跨越两洋的海陆通道——东南亚和南亚

孟加拉国

恒河三角洲

恒河是南亚著名的大河,恒河流域也是印度文明的发源地之一。恒河主要流经印度国土,但是恒河三角洲现在却主要位于孟加拉国。

恒河三角洲,是世界上最大的河流三角洲,正因为它,孟加拉国境内河道纵横,航运发达,被称为"水泽之乡"和"河塘之国",是世界上河流最稠密的国家之一。

丰富的水资源,滋养了巨量的人口,让这里成了世界上人口密度最高的地区之一。但是在养活这么多人口的同时,这里的环境问题也日益严重。这里地势低平,恒河水量丰富,气候湿热多雨,而海平面却在逐年上升,再加上每年这里的季风肆虐,孟加拉国经常会发生洪水灾害。

如果全球气候继续变暖,喜马拉雅山上的冰川继续融化,海平面继续上升,那么孟加拉国就将会有数百万人失去他们的家园。所以,保护环境,要从现在做起哦。

阿富汗

亚洲的十字路口

阿富汗的位置非常特别，它的西边是西亚，南边是南亚次大陆，北边是中亚地区，东边，通过窄窄的瓦罕走廊，连接着我国的新疆——它处在欧亚大陆巨大的十字路口上。

巍峨高耸的兴都库什山在阿富汗境内横贯东西，隔开了几个不同的地理区域。而高山又有很多山口，所以这里，又成了连接几大区域的交通要地，也成了历代兵家必争的四战之地。

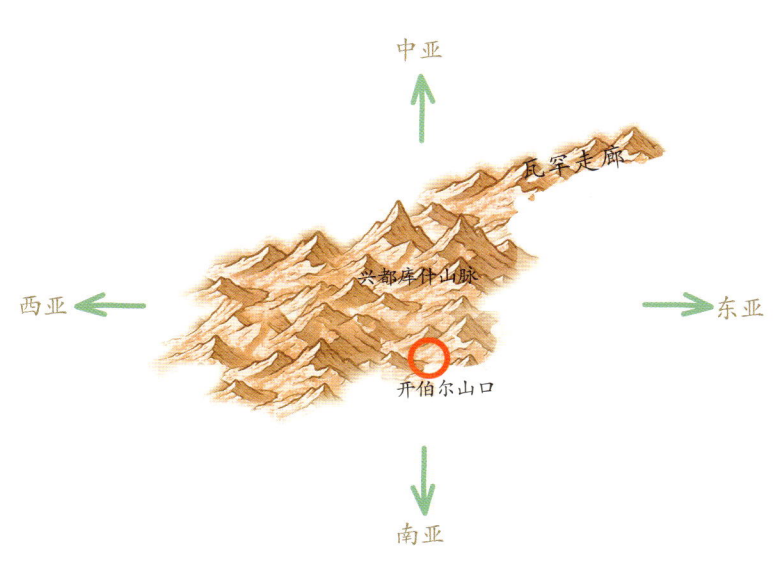

> 四战之地（sì zhàn zhī dì），成语意思是指四面平坦，无险可守，容易受攻击的地方。
>
> 阿富汗虽然到处是山，并不平坦，但是战略位置重要，很容易四面受敌，也算是"四战之地"吧！

在古代，很长时间以来，阿富汗的开伯尔山口一直是整个中亚通往南亚的唯一通道，西亚和中亚建立的帝国，往往会通过开伯尔山口进入印度河谷，深入南亚次大陆，征服印度。几千年前的亚历山大大帝来过，几百年前的莫卧儿帝国来过，中间大大小小的帝国也都是如此。

跨越两洋的海陆通道——东南亚和南亚

而深深藏在帕米尔高原的瓦罕走廊，古时候也被称为"葱岭古道"，曾经是丝绸之路上关键的一段，中国晋朝的僧人法显，还有唐朝的玄奘法师，都是通过这条葱岭古道进出古代的天竺，也就是今天的印度。

瓦罕走廊

在古代，我们的华夏文明，也是通过这条窄窄的通道，沟通了中亚、印度、波斯，甚至欧洲文明的。

犍陀罗艺术——穿袈裟的阿波罗

正因为阿富汗处在欧亚大陆的连接点上，所以，历史上阿富汗对于东西方的文化交流，起到了非常独特的作用。影响最深远的一个例子，就是犍陀罗艺术。

犍陀罗，本来是古印度时代的**十六王国之一**，主要统治区域位于现在的巴基斯坦和阿富汗。古马其顿国王亚历山大大帝的东征，带来了**古希腊文明**，古希腊文明与南方的佛教文明就在这里发生了碰撞、融合，形成了独特的**犍陀罗艺术**。

跨越两洋的海陆通道——东南亚和南亚

153

其实,想要看到犍陀罗艺术,去寺庙里看看佛像就知道了!在佛教创立之初,佛教徒是不塑造佛像的,而我们知道古希腊文明的一大表现,就是一尊尊栩栩如生的雕塑。于是在古代犍陀罗,具有古希腊、罗马写实风格,又融合了波斯、印度元素的佛像被塑造出来,成了佛教徒崇拜的偶像。这种佛造像艺术向四周传播,影响了周边很多国家的艺术和文化。

阿波罗像

我国隋唐时期的艺术,也深受犍陀罗艺术的影响。不信,你仔细看看大同云冈石窟、洛阳龙门石窟,以及敦煌莫高窟里隋唐时期的大佛,像不像披着袈裟的阿波罗?有的小读者可能要问了:为什么寺庙里看到的佛像,头上会有一个一个的小鼓包呢?那你再去看看古希腊的阿波罗雕像吧,那些小鼓包不就是满头的小卷发嘛!

唐僧见过的大佛

犍陀罗艺术的一个典型代表，就是阿富汗的巴米扬大佛。

在阿富汗巴米扬山谷的巴米扬石窟当中，有很多古老的佛造像，其中有两座大佛，分别凿于公元1世纪和5世纪，最高的佛像有50多米高，他们已经在那里矗立千余年了。

千百年来，芸芸众生从他们面前走过。我国晋代的高僧法显和唐代的玄奘法师，都曾经瞻仰过他们的面容，并且在他们后来写的《佛国记》和《大唐西域记》中留下了生动的描述。可以说，这两尊大佛是当之无愧的世界遗产。

但可惜的是，这两尊大佛在2001年被炸毁了。如今，我们已经无法亲眼看到玄奘法师曾经看到过的大佛原貌，只能期待大佛的保护和复原工作，能让我们感受到一些大佛的风采！

跨越两洋的海陆通道——东南亚和南亚

斯里兰卡

狮子国

在南亚次大陆的东南角，有一个不小的岛国，那就是斯里兰卡。

从前，斯里兰卡的国名叫"锡兰"，而在中国古书上，这里被称为"狮子国"。

你看，直到现在，斯里兰卡的国旗和国徽上，还有一个手拿宝剑的狮子形象呢！这既代表了斯里兰卡的古国名，又寓意着刚强和勇敢！

斯里兰卡是"印度洋上的明珠"，它就处在沟通苏伊士运河与马六甲海峡的航线上，位置很关键呢！

斯里兰卡的主要民族是僧伽罗人，他们使用的语言，是僧伽罗语。在僧伽罗语中，斯里兰卡的意思，就是"乐土"，或者"光明富庶的土地"。

සාදරයෙන් පිළිගන්නවා 欢迎

ආයුබෝවන් 你好

සුභ උදෑසනක් 早上好

බොහොම ස්තූතියි 谢谢

වාසනා වේවා！ 祝你好运！

僧伽罗人

你可以看看僧伽罗语写出来的样子，就这样圈圈套圈圈，看上去真的很奇特、很好玩，你想来试一下吗？

跨越两洋的海陆通道——东南亚和南亚

大象孤儿院

大象,是地球上非常古老的一种动物,也是目前陆地上体型最大的动物。他们有惊人的记忆力和巨大的块头,我们对它们的样子都很熟悉。

斯里兰卡有很多大象,自古以来,斯里兰卡人就有以大象为图腾的古老传统。你可以在斯里兰卡看到古代留下来的石雕象群,也可以在现代的艺术品上看到各种各样憨厚可爱的大象形象。

在节日里,大象还会被装扮一新,参加盛会游行呢!

但是这样的风光并不是每一头大象都能有的。由于人类活动范围的日益扩大,大象的活动范围不断被挤占。在斯里兰卡的丛林中,有一些因为战争、捕猎失去了父母的大象孤儿,它们可能连生存下来都很困难。

为了拯救这些大象孤儿，在1975年，斯里兰卡建造了第一所大象孤儿院，主要功能就是收养那些在丛林中失去双亲的小象。至于那些身受重伤、离群迷途的小象，也可以住到大象孤儿院里来。小象们在孤儿院长大，不但可以生儿育女，还可以颐养天年呢！

为了避免生活在大象孤儿院的大象变成好吃懒做的寄生虫，工作人员会让它们从事一些搬运木材的劳动。经过训练的大象，还会表演一些节目，以吸引游人来捐助大象孤儿院。在这里，游人可以自由地给大象喂食，跟这些庞然大物一起玩耍。怎么样，想不想去看看？

跨越两洋的海陆通道——东南亚和南亚

马尔代夫

亚洲最小的国家

亚洲最小的国家是哪一个呢？那就是印度洋上的马尔代夫了。

马尔代夫是由一串珊瑚岛组成的群岛国家，全部群岛面积加起来，也不到 300 平方千米——还没有北京的一个丰台区大。但是这一串珊瑚岛，却是印度洋上美丽的珍珠。

这里地处热带，气候炎热，全年没有四季之分。但是这里到处都是海洋、海岛，如果你喜欢蓝天碧海，喜欢海边度假，那就没有比马尔代夫更适合的目的地了。

待在马尔代夫的某一座岛上，周围是平静的海面，耳听着海浪轻轻亲吻着海滩，海风阵阵拂来，仿佛整个世界都被你遗忘了。这样的体验，简直就像是人间天堂。

即将沉没的国家

但是马尔代夫也面临着严重的危机。

整个马尔代夫群岛的平均海拔，只有 1.2 米，如果全球气候持续变暖，海平面上升，那么在不久的将来，整个马尔代夫的陆地都会被淹没。如果到了那一天，整个马尔代夫的国民，都会成为"气候难民"。

为了唤起世人对气候危机的重视，引起全球关注气候变化对该国的冲击，在 2009 年，马尔代夫召开了一次别开生面的水下内阁会议。

当时，马尔代夫内阁开会讨论气候问题，而会场被放在了水下。所有的内阁成员都穿着潜水服，背上氧气瓶参加会议，提前感受了一下海平面上升淹没了陆地之后，人们可能的生存状态。

这样的会议形式，通过网络向全世界传播，非常有冲击力，也实实在在让人们感受到了全球气候变化的严重后果。

跨越两洋的海陆通道——东南亚和南亚

尼泊尔

🌏 长方形国家的三角国旗

尼泊尔是我国的邻国，隔着高高的喜马拉雅山脉与我国紧紧相连。世界上海拔超过 8000 米的山峰一共有 14 座，其中 8 座就在中尼边境的喜马拉雅山区，这 8 座中还包括世界第一高的珠穆朗玛峰。

加德满都

尼泊尔的国土，东西长，南北窄，基本上是一个长方形。但是有意思的是，世界上绝大部分国家的国旗都是方形的，唯独尼泊尔国旗不是——它是三角形的。确切地说，是两个三角形摞起来的。

这两个三角形连在一起，底色是红色，包着蓝色的边，上面白色的星星月亮和太阳的图案，来自从前的王室家族，也代表着尼泊尔人民的美好愿望。

佛祖诞生的地方

我们知道,佛教产生于古印度,而佛祖诞生的地方,在现在尼泊尔境内的蓝毗尼。

佛祖,也就是释迦牟尼佛,他的名字叫作乔达摩·悉达多,传说他2500多年前诞生在蓝毗尼的娑罗双树下。

他是迦毗罗卫国的国王净饭王的王子,出生在高贵的家庭,但是在享尽人间富贵之后,却开始对人生的痛苦进行深入的思考。于是他在29岁那年,放弃了王族的身份、地位,抛妻别子,苦苦修行,终于在一棵菩提树下大彻大悟,创建了佛教。

乔达摩·悉达多

于是蓝毗尼也就成了佛教的圣地。

在蓝毗尼,有纪念佛祖诞生的寺庙,里面有释伽降生图,还有著名的阿育王石柱,上面刻着"佛祖诞生之处"。前面一直提到的我国晋朝的高僧法显和唐朝的玄奘法师,都曾经到蓝毗尼朝圣,给我们留下了宝贵的文字记载。

阿育王石柱

古老的婆罗米文字铭刻着阿育王的亲笔敕文,其内容证实此处为佛陀诞生之地。

跨越两洋的海陆通道——东南亚和南亚

夏尔巴人——喜马拉雅山上的挑夫

攀登高峰,是很多人的梦想,尤其是能登上有"世界第一高峰"之称的珠穆朗玛峰,更是很多人梦寐以求的事。

如今,登山不再是专业登山运动员的专属活动。只要有充足的准备和专业的装备,很多人都可以圆一下自己的珠峰梦。

而在尼泊尔境内攀登珠穆朗玛峰,除了各种装备之外,还少不了一支独特的人群,他们就是夏尔巴人。

夏尔巴人

夏尔巴人是世世代代生活在喜马拉雅山区的一个族群。他们的体质异于常人，血液中的血红蛋白浓度也比常人高出许多，这让他们更能适应山区缺氧的状况。而且他们体质好，能吃苦耐劳，又有登山技巧，所以很多登山队来这里登山，都要雇佣一些夏尔巴人作为向导和后勤，于是，夏尔巴人就被称为"喜马拉雅山上的挑夫"。

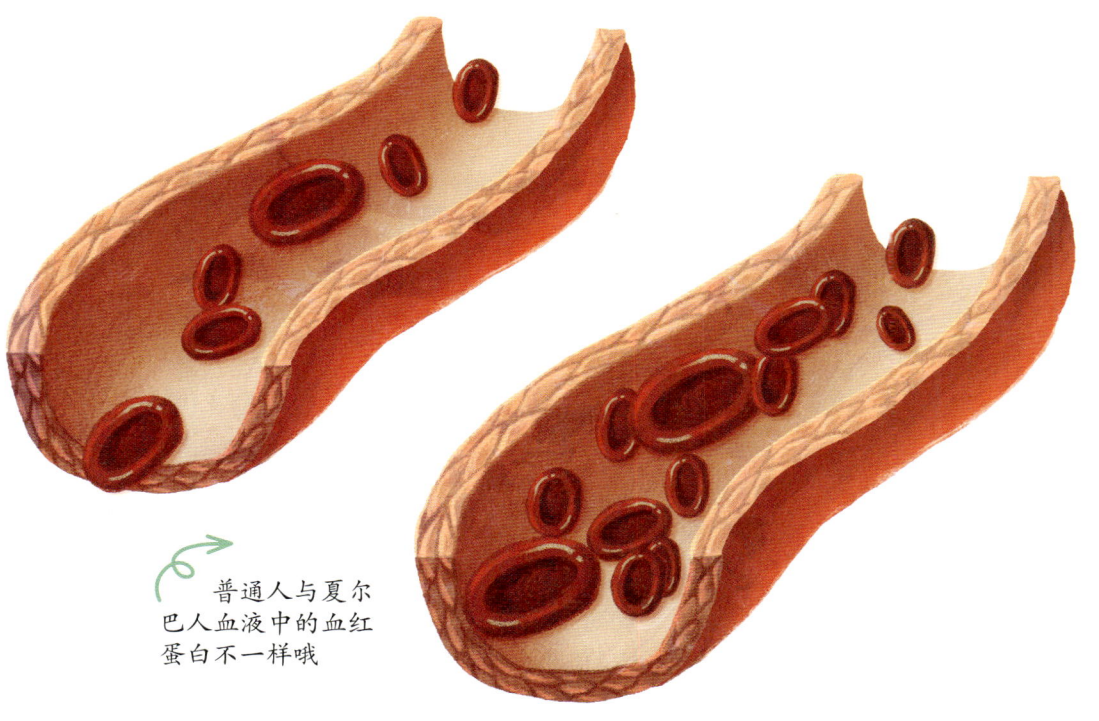

普通人与夏尔巴人血液中的血红蛋白不一样哦

但是，登山毕竟是一项危险的运动，几代夏尔巴人用生命创造了几个世界之最：成功攀登珠峰的人数最多，不用氧气瓶登顶珠峰的人数最多，而在珠峰遇难的人数也最多。这个独特的族群，就这样在人类攀登珠峰的历史上，留下了深深的印迹。

跨越两洋的海陆通道——东南亚和南亚

雪人夜帝

雪人

传说在尼泊尔的喜马拉雅山区，有一种大雪怪，在尼泊尔语中，它们被称为夜帝（Yeti）。

据说这种雪人身材高大，全身长满长毛，用四肢屈膝行走。它们似乎是一种介于人类和猿类之间的神秘动物，拥有相当的智力水平。在传说中，有一些人见过雪人，有的时候它们性情温顺，有的时候又凶猛彪悍。有他们救人的故事，也有他们袭击人类的消息流传。

世界各地的探险队、科学家还有媒体记者曾蜂拥而至，希望能解开它们的神秘面纱。据说考察团曾经找到过雪人的脚印，但是到目前为止，还没有直接的证据能够证明雪人的存在。所以，这成了一桩未解之谜。

不丹

🌐 山地佛国虎穴寺

不丹是一个位于喜马拉雅山南麓的山地国家，也是我们中国的邻国之一。不丹是一个佛国，居民中大部分信仰源自我国西藏地区的藏传佛教。

传说在上千年前，这里妖魔横行，人民苦不堪言。当时在西藏的莲花生大师知道了这个情况，就骑着飞天雌虎来到这里，降伏了妖魔。

之后莲花生大师就在这里的山壁上凿出岩洞，闭关修行。莲花生大师在不丹留下了不少传说，而不丹的居民也从此开始信奉藏传佛教。传说中莲花生大师修行的这个地方，就是现在不丹著名的虎穴寺。

莲花生大师

虎穴寺

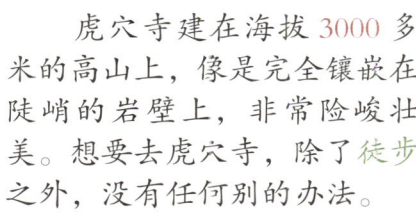

虎穴寺建在海拔3000多米的高山上，像是完全镶嵌在陡峭的岩壁上，非常险峻壮美。想要去虎穴寺，除了徒步之外，没有任何别的办法。

虎穴寺是不丹最具特色的宗教建筑，以至于有这样的说法：如果不曾来过虎穴寺，你的不丹之旅就不算完整。

跨越两洋的海陆通道——东南亚和南亚

丝绸之路的西方终点——欧洲

　　丝绸之路的终点，就在欧洲。
　　欧洲人要那么多丝绸做什么？
　　漂亮呀！姑娘们喜欢呀！可是欧洲没有呀，所以才要万里迢迢从中国运过去。
　　经过了漫漫长路，运到欧洲的丝绸就一个字：贵！
　　这么名贵的材料当然要装扮最美丽、最高贵的姑娘啦！看呀！她是不是就藏在这一个个国家当中？

俄罗斯

🌐 世界上最大的国家

俄罗斯太大啦！1700多万平方千米，地跨亚欧两大洲，世界第一哦！

从俄罗斯的东头到西头，距离有9000千米，横跨11个时区呢！这距离，飞机要飞10个钟头，高铁一天一夜打不住，普通火车得一个星期吧，开车不得半月啊？要是走着……算了，估计走不多远，就冻在冰天雪地里了……

> 飞了好几个小时了，竟然还没出这个国家！

其实俄罗斯原本没有那么大的，起先也就只有莫斯科周边那么一点地方，几百年间，它长啊长啊长啊，东边长到了西伯利亚，北边长到了北冰洋，西边占了小半个欧洲，南边贴着东亚、中亚、黑海、里海……

没啥说的，就是大！

莫斯科——"第三罗马"

莫斯科是俄罗斯的首都，罗马是意大利的首都，它们之间有什么关系吗？

曾经，两千年前的罗马帝国几乎囊括了欧洲、亚洲、非洲环绕地中海的所有文明区域，在世界历史上灿烂辉煌，影响深远。

帝国后期，罗马的皇帝君士坦丁大帝把首都从罗马迁到了黑海海峡旁边的君士坦丁堡，这里就成了"第二罗马"。

← 俄罗斯国徽

莫斯科的大公

东罗马帝国末代公主

后来罗马帝国分裂成东西两部分，西罗马帝国灭亡后，东罗马帝国又存在了近千年，直到1453年，君士坦丁堡被攻破，从此改名为"伊斯坦布尔"。

而此后不久，莫斯科大公娶了东罗马帝国的末代公主，于是他就把莫斯科称为"第三罗马"。

到现在，东罗马帝国的双头鹰标志，还在俄罗斯的国徽上呢！

丝绸之路的西方终点——欧洲

红场和克里姆林宫——俄罗斯的象征

莫斯科的市中心，就在莫斯科红场。

这里是莫斯科最古老的广场。跟北京的天安门广场一样，这里是俄罗斯重大节日里举行集会、庆典和阅兵的地方。

红场是俄罗斯历史的见证，在这里发生过一系列的重大历史事件，广场上每一块古老的条石，都写满了故事。

瓦西里升天教堂　　　莫斯科河　　　莫斯科国立百货商场　　　列宁墓

广场周围有俄罗斯国家历史博物馆，有莫斯科国立百货商场，有瓦西里升天教堂，还有列宁墓，当然最重要的，是有克里姆林宫。

　　克里姆林宫原本是从前俄国沙皇的宫殿，现在则是俄罗斯总统府所在地。

　　要说什么能代表俄罗斯，那当然是莫斯科红场和克里姆林宫啦！

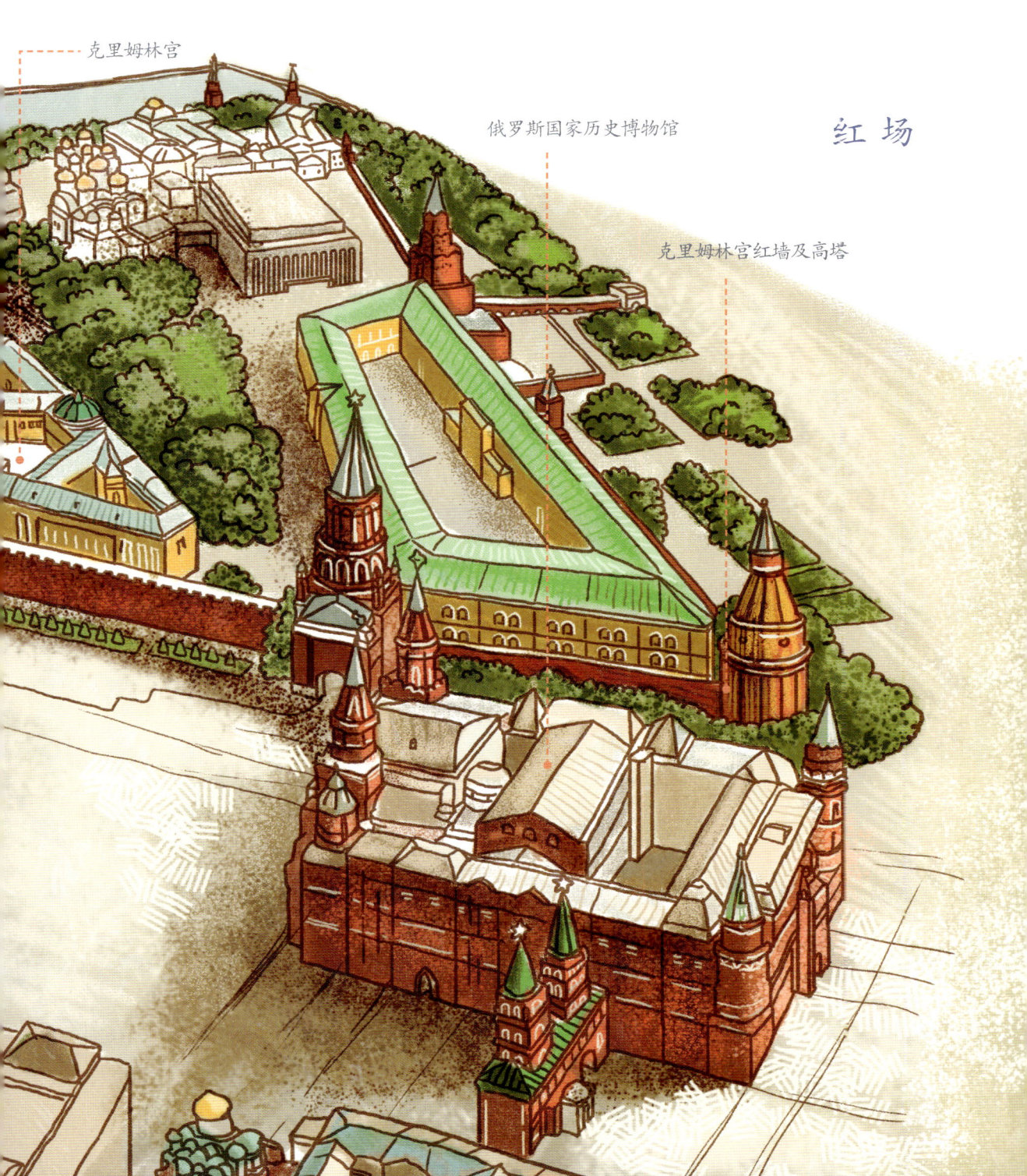

克里姆林宫

俄罗斯国家历史博物馆

红场

克里姆林宫红墙及高塔

圣彼得堡——彼得大帝的出海口

俄罗斯的首都在哪里？当然是莫斯科。

可是历史上有两百多年的时间，俄罗斯帝国的首都是在涅瓦河口的圣彼得堡。

这个地方对俄罗斯来说很重要，因为，它靠海。

什么？俄罗斯不是有将近四万千米长的海岸线吗？比我们中国长一倍呢！靠海有什么稀奇？

俄罗斯的海岸线一年内大部分时间都被冻上了。

可是你看看，俄罗斯漫长的海岸线都在哪里呢？大部分都在冰冷的北冰洋周边，一年中大部分时间都被冻上了，哪里能建设成像样的港口呢？

所以，俄罗斯历史上，历代沙皇的梦想，就是拥有一个不会封冻的出海口。

彼得大帝

就这块地儿吧！

这个梦想在彼得大帝的手中实现了。他跟北方的邻居打了好久的仗，终于在涅瓦河口的烂泥滩，为俄罗斯找到了一块风水宝地。

丝绸之路的西方终点——欧洲

175

虽然这里通向的大海，只是波罗的海这么一个内海，要去往大洋，还得穿过一系列的海峡，穿过北海，才能进入大西洋，但是好歹有了这么一个出口。

他在这里建设了崭新的城市，并干脆把首都迁到了这里。这座城市以圣徒彼得的名字命名，称为"圣彼得堡"。这也是彼得大帝的名字呀！

圣彼得堡

艾尔米塔什博物馆——冬宫

既然成了首都，就要有宫殿。俄罗斯有四大宫殿，除了克里姆林宫外，其他的夏宫、冬宫、叶卡捷琳娜宫，都在圣彼得堡。

而其中的冬宫，现在已经成了艾尔米塔什博物馆的一部分。这是世界一流的博物馆，与法国巴黎的卢浮宫、英国伦敦的大英博物馆、美国纽约的大都会艺术博物馆，并称为"世界四大博物馆"。

艾尔米塔什博物馆本来是俄国女沙皇叶卡捷琳娜二世的私人博物馆，经过不断的丰富与拓展，这里已经成了艺术品和文物的宝库。

叶卡捷琳娜二世

馆藏的珍品包含了世界各地和各个历史时期最有价值的宝贝，既有几千年前的埃及木乃伊、中国甲骨文，也有几百年前的伦勃朗、达·芬奇，还有百年前的高更、毕加索。重要的是——都是真迹哦！

这里的藏品也实在是太丰富了。据说如果要想把艾尔米塔什博物馆的三百多间开放展厅都逛遍的话，那么你大概要走 22 千米 的路——看吧，逛博物馆不光是艺术的洗礼，还是个体力活呢！

而冬宫的特殊价值还在于，它本身就是一件文物。以前，这里是沙皇的宫殿。1917 年，十月革命的胜利，就是以攻克冬宫为主要标志的哦。

乌克兰

🌐 基辅罗斯——东斯拉夫历史的开端

斯拉夫人

乌克兰人和俄罗斯人、白俄罗斯人一样，都属于欧洲一个古老的部族——斯拉夫人，他们仨组成了其中的东斯拉夫这一支。也就是说，他们仨原本是一家人。不过他们仨历史的源头，并不在莫斯科，而是在现在乌克兰的首都基辅。

一千多年前，他们的祖先在第聂伯河畔的基辅建立了基辅罗斯，在整个中世纪的历史中，这都是一个很大的国家。

可是后来，它被蒙古人征服了。

蒙古人那时候席卷了几乎整个欧亚大陆，征服个基辅罗斯并不稀奇。

蒙古人太猛啦！

此后几百年，罗斯人，或者说东斯拉夫人，就臣服于蒙古金帐汗国的治下，直到以莫斯科为中心的罗斯国家崛起。

但是，他们的历史，的确是要从基辅开始说起的。

《钢铁是怎样炼成的》

保尔·柯察金出生在穷苦人家，从小受尽了有钱人的欺辱。他参加了红军，在激战中身负重伤，几乎丧了命，但是他用顽强的毅力战胜了死神。

他的身体不允许他再上前线，于是他投入了恢复和建设国家的工作中。他去修筑铁路，每天艰苦劳动，缺吃少穿，风餐露宿，还有土匪和疾病的威胁，但他坚持了下来。

长期的辛苦劳作彻底损害了他的健康，他丧失了工作能力，双目失明，全身瘫痪，只能躺在海滨的疗养院疗养。但是他又忍着肉体和精神上的巨大痛苦，投身到了写作当中，完成了伟大的巨著。

保尔·柯察金

尼古拉·奥斯特洛夫斯基

这就是小说《钢铁是怎样炼成的》中的故事情节。保尔·柯察金的故事激励了整整一代人，这个故事就发生在乌克兰，而保尔，其实就是作者——出生在乌克兰的尼古拉·奥斯特洛夫斯基自己。

丝绸之路的西方终点——欧洲

切尔诺贝利

1986年4月26日凌晨，乌克兰境内切尔诺贝利核电厂的第四号反应堆发生了爆炸。爆炸引发了冲天大火，把大量放射性物质散播到了大气层当中。事故当场造成了31人死亡，200多人受到严重的放射性损伤。

放射线看不见摸不着，但是却能对人类造成非常严重的危害。皮肤大片大片溃烂脱落，口鼻牙龈出血、吐血，严重的当场死亡，即便当时活下来，后续也会忍受各种病痛的折磨。

这次灾难所释放出来的放射线，剂量是广岛原子弹爆炸的 400 倍以上。此后 15 年内，有几万人因为辐射而死亡，十几万人遭受各种程度辐射疾病的折磨。在切尔诺贝利附近方圆 30 千米的地区居住的十几万人被迫疏散，旁边的一个城镇被迫放弃，成了一座空城、死城。

30 多年过去了，隔离区内依然人迹罕至，却成了野生动物的天堂。虽然动物也受到了辐射的危害，但是跟人类比起来并没有那么严重。反而是人类的活动消失之后，动物变得更加自由自在。

如今，隔离区的部分地区向游人开放，人们得以走进这片人为灾难制造的废弃之地，在满目疮痍之中，感受重新焕发的勃勃生机。

没错！这就是我们的天堂。

白俄罗斯

白俄罗斯还是白罗斯？

前几年，白俄罗斯官方发表声明，要把中文译名"白俄罗斯"改成"白罗斯"，也就是去掉中间的那个"俄"字。

当然啦，这是要我们在中文当中改变对他们的称呼，肯定是需要中国的认可才行。这事情后来不了了之了，我们仍然管这个国家叫作"白俄罗斯"。

不过这件事情也说明了，这个国家实在是想要强调自己跟俄罗斯不是一个国家，也不是俄罗斯的一部分。但事实上，他们跟俄罗斯还是渊源很深的。

我们已经知道白俄罗斯跟俄罗斯、乌克兰同属于东斯拉夫人，他们都起源于前面说过的那个叫作"基辅罗斯"的国家，而且白俄罗斯跟俄罗斯的关系更加密切。

可不可以叫我们白罗斯呢？

丝绸之路的西方终点——欧洲

《布列斯特和约》与布列斯特英雄要塞

布列斯特是位于白俄罗斯西南部的一座城市。

第一次世界大战期间，十月革命后建立的俄罗斯苏维埃联邦社会主义共和国，面临着十几个国家的围攻。于是它同德国、奥匈帝国、保加利亚、土耳其等同盟国成员在布列斯特谈判，签订了《布列斯特和约》。苏俄由此丢掉了几百万平方千米的土地，包括白俄罗斯、乌克兰等等大片的土地，但是却得以退出世界大战，终于可以暂时喘口气了。

不过后来同盟国战败，这些地方又被苏俄要了回去。

而在第二次世界大战期间，德国发动闪电战袭击苏联，布列斯特是最先遭受德军炮火突袭的边境要塞之一。这个小小的要塞顶住了超过自己几十倍的德军兵力，在苏联卫国战争中写下了光辉的一页，因此成了英雄要塞。

摩尔多瓦

普希金待过的地方

在摩尔多瓦的首都基希讷乌，有一座普希金博物馆。

普希金是俄罗斯，乃至全世界最伟大的诗人之一，他跟摩尔多瓦又有什么渊源呢？

普希金博物馆

丝绸之路的西方终点——欧洲

原来，普希金写了很多热爱自由的诗篇，被当时的沙皇治了罪，罚他流放到了当时俄罗斯南部边远地区摩尔多瓦。普希金在这里住了 3 年。

后来摩尔多瓦独立了，但摩尔多瓦人还是非常崇敬普希金，基希讷乌有普希金博物馆，有普希金纪念碑，有普希金花园，还有普希金大街。现在我们还能看到当时普希金居住的小屋，屋中陈设依然保持着他当年在这里居住时的样子。

普希金留下的一切，让这里变成了一座诗意的城市。

普希金

白色的城市

　　基希讷乌是一座白色的城市，大街小巷到处都能见到白色的建筑，在翠绿的树木丛中，显得特别有生机与活力。这些都是用摩尔多瓦生产的石灰石建造的，有白色的教堂，白色的钟楼，白色的市政厅，还有白色的凯旋门。

　　世界上凯旋门有很多，最著名的是巴黎的凯旋门，德国的勃兰登堡门其实也是一座凯旋门。基希讷乌的这座凯旋门并不大，却是基希讷乌的标志。基希讷乌曾经被战火彻底摧毁，当时城中保留下来的古建筑，就只剩下大教堂和凯旋门。

基希讷乌凯旋门

丝绸之路的西方终点——欧洲

地下酒城

白色的基希讷乌需要大量的石灰石，石灰石是从郊区的山上开采下来的。开采完石头之后剩下的坑洞，能做什么用呢？

藏酒！

摩尔多瓦盛产葡萄和葡萄酒，是葡萄之乡。那里有一个古老的传说。传说在很久以前，摩尔多瓦城堡被土耳其人围困了很长时间，城堡内水断粮绝，战士们已经无力作战，眼看城堡就要被敌人攻占了。

白鹳

就在这时候，有一群白鹳从远方飞来，嘴里衔着一串串葡萄。这些葡萄为战士们解除了饥渴，让他们打退了敌人。从此白鹳就成了摩尔多瓦人的神鸟。他们把它放在了国徽上，还把它放在了葡萄酒的酒瓶上。嘴叼一串葡萄的白鹳形象，就是摩尔多瓦葡萄酒的独特商标啦！

　　而采完石料的地下隧道，温度常年保持在 12～14 摄氏度，隧道里的石头也有吸湿的特性，特别适合贮存高品质的葡萄酒。于是，摩尔多瓦人就利用这些隧道，建造了地下酒城。

　　酒城很大，隧道总长度有 120 多千米，有酒厂，还有酒博物馆。这里收藏着几百万瓶保存年限超过半个世纪的名酒，有的甚至达到了上百年。

　　"酒是陈的香"啊！这可都是上等的佳酿呀！

丝绸之路的西方终点——欧洲

希腊

诸神的国度

传说在希腊北边高高的奥林匹斯山上，居住着神的一家。

为首的是"众神之王"宙斯，他是雷电之神，掌管着世间的一切。他的妻子也是他的姐姐，天后赫拉。海神波塞冬、冥王哈迪斯，是宙斯的哥哥。宙斯的子女们也都是大神，有太阳神阿波罗，月亮女神阿尔忒弥斯，战神阿瑞斯，智慧女神雅典娜，火神赫菲斯托斯，众神的使者赫尔墨斯，还有爱与美的女神阿佛洛狄忒，以及酒神狄俄尼索斯……

宙斯

猎户座

  他们，以及他们上代的、后代的所有神明，组成了古希腊神话的庞大家族。他们并非高高在上，不食人间烟火，他们也有人的七情六欲，甚至更加极端。他们也会为情所困，也会犯下凡人的错误，也可能做出坏事。他们经常参与凡人的活动，跟很多凡人留下了好多后代。这些带有神的血脉的"半神"，往往成为古希腊神话中的大英雄，建立了一系列的丰功伟绩。

  神明是永远不死的，而这些"半神"的大英雄死后，就化为天上的星座，永远照耀着人间。

  这就是源自古希腊的神话故事，也是整个欧洲文明的丰饶土壤。

雅典卫城

雅典，是现代希腊的首都，也是古希腊时代最著名的城邦。

城市的中心，就是雅典卫城。

它本来是防御外敌入侵的要塞，也是祭祀雅典的守护神雅典娜女神的神圣之地。

雅典娜

传说，在神话时代，海神波塞冬和智慧女神雅典娜都想成为这座爱琴海海滨城市的守护神，他们为此争得不可开交，宙斯就让他们用自己的本事去赢得人心，谁能给人类一件最有用的东西，这座城就归到谁的名下。

于是波塞冬用他的三叉戟敲了敲岩石，从里面跑出了一匹战马。

波塞冬

而雅典娜用长矛击打岩石，石头上立即生长出一棵枝繁叶茂、果实累累的橄榄树。

战马，象征着战争；橄榄树，象征着和平与丰收。人们会喜欢什么呢？当然是和平！于是，这座城就归了雅典娜女神，人们用她的名字命名了这座城市，就叫作"雅典"。

雅典卫城之上，最主要的建筑就是帕提侬神庙。这是一座供奉雅典娜女神的神庙，两千多年来，它就这么矗立在高高的卫城上。

　　神庙里原来有一尊巨大的雅典娜女神雕像，是用象牙雕刻的，上面装饰着黄金。她穿着黄金制造的头盔、胸甲、袍服，全副武装，右手托着黄金和象牙雕刻的胜利女神。她的眼睛是用宝石镶嵌的，像星星一样闪着光辉。

　　这是古希腊最伟大的雕刻家菲狄亚斯的作品，可惜历经两千多年的历史沧桑，如今已经荡然无存，只剩下神庙的残垣断壁，诉说着它往日的辉煌。

帕提侬神庙

半岛和海岛组成的国家

希腊，是由半岛和海岛组成的国家。整个希腊处在东南欧著名的巴尔干半岛的末端，其中还包括几个小半岛，比如阿提卡半岛和伯罗奔尼撒半岛。首都雅典，就坐落在阿提卡半岛上。而古典时代另一个重要的城市斯巴达，以及奥运会的发祥地奥林匹亚城，就在伯罗奔尼撒半岛上。

◀ 伯罗奔尼撒战争 ▶

在古典时代，雅典和斯巴达就是古希腊最重要的两个城邦，他们两个经常争来斗去，最后打了个你死我活的战争，就叫作"伯罗奔尼撒战争"。

伯罗奔尼撒半岛跟希腊的大陆部分，就由一个窄窄的科林斯地峡连接起来。不过就在这窄窄的地峡上面，人们开凿了一条运河，贯通了地峡两端。这样一来，实际上，伯罗奔尼撒就已经不是半岛了，而成了一座货真价实的"岛"。

说起岛来，希腊可不缺，旁边爱琴海里都是。最大的岛是克里特岛，传说岛上的迷宫里，住着一个牛头人身的怪物，每九年要吃掉雅典人进贡来的七对童男童女。大英雄忒修斯要为民除害，在公主的帮助下破解了迷宫，把这个牛头怪物杀死了。

不过，神话时代的故事，真真假假的也早就过去啦，我们现在要去爱琴海，还是去看看那里的碧海蓝天和小白房子吧！

忒修斯

波兰

千里大平原

波兰坐落在千里大平原上，这个平原，叫作"波德平原"。看这个名字就知道，这个平原贯通了波兰和德国。

不只是贯通了德国啊，向东，波兰跟东欧大平原也是连在一起的。也就是说，波兰，就处在东欧和中欧的交叉口，而且是一马平川的那种。

这样平坦的地形，就决定了历史上那些活跃在这座舞台上的征服力量，在波兰平原这里，往往都是来去如风。匈人过去了，蒙古人来过了，拿破仑只是路过，希特勒也没能长久……

而波兰，就在这一股一股的风暴之中，飘来荡去……

《波兰没有灭亡》

《波兰没有灭亡》，或者叫《波兰永不灭亡》，这是波兰的国歌。

说"没有灭亡"，其实是因为，波兰曾经多次亡国。它曾经被沙俄、普鲁士、奥地利三国瓜分过，波兰这个国家曾经消失过好多年。但最终，它又复国了，仍然是中欧的一个大国。

这也是一首军歌，鼓舞着波兰人不要忘记波兰的历史。

丝绸之路的西方终点——欧洲

华沙

华沙是波兰的首都，跨越维斯瓦河的两岸。

相传，它的名字来自一对恋人，男的名叫华尔西，女的名叫莎娃。他们勇敢地冲破阻挠，结为夫妻，顺着维斯瓦河来到这里开拓家园。

华尔西

莎娃

　　传说，维斯瓦河里有美人鱼，他们就成了这一对恋人的见证人和庇护者。

　　后人为了纪念这对恋人，把他们的名字连起来，把这里命名为"华沙"。而美人鱼呢？拿着剑和盾的美人鱼，就留在了华沙的城徽上。

丝绸之路的西方终点——欧洲

哥白尼的太阳

哥白尼是伟大的天文学家，他是波兰人。

他在40岁的时候，提出了日心说，改变了人类对自然、对自身的看法。

在这之前，人们相信日月星辰都是围绕着地球转动的，这就是著名的地心说。

但是哥白尼经过观测和计算，发现事实不是这样。如果以地球为中心，解释整个天空的星星运转规律太麻烦了。但是一旦把宇宙的中心换成太阳，一切就都简洁起来。

哥白尼

哥白尼坚信他发现的真理。但是在他生前，他并没有勇气把他的学说公之于众。因为这不仅仅是一个天文问题，而是会直接影响人们的观念，可能会动摇当时天主教在欧洲的统治地位。

一直到他70岁的时候，他才决定出版他的《天体运行论》。据说直到他去世的前几天，他才收到出版商寄给他的样书。

对！我就是著名的《天体运行论》！

我们现在知道，太阳也不是宇宙的中心。但是，哥白尼率先提出，地球只不过是围绕着太阳运行的众多行星中的一个，在当时是巨大的进步。

肖邦的心脏

肖邦

肖邦是著名的作曲家、钢琴家,他也是波兰人。

他是历史上最具影响力和最受欢迎的钢琴作曲家之一,他的曲风热情奔放,感情真挚,他也被誉为"浪漫主义钢琴诗人"。但表面的优美悦耳之下,其实隐藏着坚强的斗争精神,音乐家舒曼称之为"藏在花丛中的大炮"。如果你要去学习钢琴,肖邦是一个你永远绕不过去的名字。

他的音乐题材紧扣波兰人民的生活、历史,他深深地热爱着他的祖国。

但是在他出生前,他的祖国已经被俄、奥、普三国瓜分,亡了国。他不愿当亡国奴,20岁时远走他乡,后半生再也没能踏上故土。39岁的时候,他客死巴黎,临终之时嘱咐亲人把他的心脏运回故乡华沙安葬。

肖邦,生于华沙,灵魂属于波兰,才华属于世界。

我属于我的祖国!

丝绸之路的西方终点——欧洲

居里夫人的镭

居里夫人是著名的科学家，也是波兰优秀的女儿。

她一生的主要工作，都围绕着放射性的研究。她发现了放射性元素钋和镭，获得过一次诺贝尔物理学奖，一次诺贝尔化学奖，是第一个两次获得诺贝尔奖的人。

居里夫人

在她的理论指导下，人们第一次使用放射性元素治疗癌症。但是由于长期接触放射性物质，她的健康受到了严重的影响，最终因此去世。

她也深深地爱着她的祖国。她发现的放射性元素"钋"，那就是用她的祖国"波兰"的名字命名的。

因为这些伟大的成就，她的头像曾出现在波兰和法国的货币及邮票上。

罗马尼亚

"罗马人的地方"

"罗马尼亚"的意思，是"罗马人的地方"。可是这里真的是罗马人的地方吗？罗马不是在几百千米之外的意大利吗？这里的居民真的是罗马人吗？

从血缘上来说，他们并不是。但是在文化上，他们跟罗马人有很深的渊源。

两千年前，罗马人征服了这里，带来了罗马的文化。后来罗马帝国灭亡，罗马人走了，但是罗马人的文化却留了下来。当地人发现，罗马文化给他们留下的烙印，成了区分他们和周边其他民族的特征。作为一个独特的民族，"罗马尼亚"这个名字流传了下来。

蓝色多瑙河

你听过《蓝色多瑙河》吗？小约翰·施特劳斯的美妙音乐，让我们对这条河流充满了想象。

这是欧洲的第二大河，流经 10 个国家，4 个国家首都，是世界上流经国家最多的河流之一。它滋养着沿岸各个国家的大地，最后在罗马尼亚和乌克兰注入黑海。

小约翰·施特劳斯

多瑙河

多瑙河

我今天又钓了好几条鱼！

在多瑙河的入海口，形成了欧洲面积最大的三角洲。这里有不计其数的湖泊和沼泽，风光绚丽，资源丰富，哺育着 300 多种鸟类和 45 种特有的鱼类，是欧洲现存最大的天然湿地。

多瑙河三角洲地跨罗马尼亚和乌克兰两个国家，其中大部分在罗马尼亚。三角洲每天都在生长，500 年前建在入海口处的城堡废墟，现在离海岸线已经很远了。这里可以钓鱼、打猎、观赏鸟类、探索自然，当然也可以就看着河水入海静静发呆。

德古拉伯爵与吸血鬼的传说

传说吸血鬼都是不死的僵尸，经常深更半夜的时候从坟墓里爬出来，四处游荡。他们长着尖尖的牙齿，皮肤惨白，毫无血色。而我们在电影里看到的吸血鬼，往往都穿着欧洲贵族的礼服，披着外面黑里面血红色的高领斗篷，化着大浓妆，长得可能还挺帅。他们可以化身为蝙蝠，飞来飞去，行踪不定。

我只爱喝血！吓人不？

德古拉伯爵

世界上真的有这么恐怖的物种吗?

其实,以上这些形象,都是出自小说、电影的虚构。而小说的渊源,通常可以追溯到东欧的民间传说。

小说中的一个著名人物,就是德古拉伯爵,他的原型,就是来自罗马尼亚的瓦拉几亚大公弗拉德三世。他在15世纪的时候,曾经统治过现在的罗马尼亚地区,他所居住的城堡,就是位于罗马尼亚的布兰城堡,也就是德古拉古堡。大公当然不是什么吸血鬼,也没有那么恐怖的形象和法力。相反,他还是罗马尼亚的民族英雄,曾经在多瑙河畔多次打败了比罗马尼亚军团多好多倍的土耳其大军,解救了自己的国家。

瓦拉几亚大公弗拉德三世

如今的德古拉古堡，早已经被改造成了历史、艺术博物馆。你要是对吸血鬼感兴趣，不妨亲自来一探究竟吧！

欢迎来到我的城堡！

布兰城堡

丝绸之路的西方终点——欧洲

捷克

🌐 布拉格古城

布拉格是捷克的首都，跨越沃尔塔瓦河的两岸。

它有着悠久的历史，城里遍布着各个历史时期、各种风格的建筑，有剧院、博物馆、美术馆、城堡、教堂，是欧洲最美丽的城市之一，整座城市都被指定为世界文化遗产。

而音乐，也是布拉格不可缺少的灵魂。

沃尔塔瓦河

沃尔塔瓦河

> 两条小溪流过寒冷呼啸的森林，汇合起来成为沃尔塔瓦河，向远方流去。它流过响着猎人号角的森林，穿过丰收的田野。欢乐的农村婚礼的声音传到它的岸边。在月光下水仙女们唱着蛊惑人心的歌曲，在它的波浪上嬉游……

斯美塔那

这是捷克作曲家 斯美塔那 为自己创作的乐曲《沃尔塔瓦河》写下的一段文字。

他笔下的沃尔塔瓦河，是捷克境内最长的河流，是捷克人民赖以生存的 母亲河，在捷克人民心中占有重要的地位。

斯美塔那把这条河写进了他的交响诗套曲《我的祖国》。他从河水的源头开始描写，两条小溪终于汇合成奔腾不息的河流，流过茂密的森林、美丽的乡村、深邃的峡谷、古老的城堡，展示了捷克的山河之美，以及历史文化之悠久。

这首曲子在捷克家喻户晓，成为捷克民族的象征，被称为捷克的"第二国歌"。

丝绸之路的西方终点——欧洲

211

莫扎特

我们总说奥地利的维也纳是音乐之都，其实布拉格也是欧洲首屈一指的音乐和戏剧之都。

这里有以捷克音乐家斯美塔那命名的音乐厅。去那里听一场音乐会，你会体验到鸟笼式的电梯、米黄色的墙壁、蒸汽时代的电灯，一切都保持着最原始、最古老的模样。

莫扎特曾经在这里上演过《费加罗的婚礼》，让整个布拉格沸腾了起来。布拉格人从此爱上了莫扎特，有人说，布拉格的观众比维也纳的观众更能欣赏莫扎特的天才。甚至还有这样的说法："是布拉格人发现了莫扎特的天才。"

于是莫扎特在布拉格剧院首演了他的《唐璜》。莫扎特亲自指挥，布拉格的观众彻底为他疯狂了。

德沃夏克

德沃夏克

说到捷克，怎么又能少得了德沃夏克？

他生在布拉格，死在布拉格，是捷克民族乐派的主要代表人物，也是19世纪最重要的作曲家之一。

他的作品深深地扎根于捷克的历史和传统，跟斯美塔那一样，他用音乐来赞颂自己的祖国和人民。

但他的目光又是世界的。他曾经旅居美国，为美国人民写出了著名的《自新世界》交响曲。

他是一位伟大的音乐家，很多熟悉的音乐你可能没有太在意，但是一看作者，你就会恍然大悟：原来是德沃夏克！

丝绸之路的西方终点——欧洲

波希米亚风和波希米亚人

波希米亚，也就是捷克。但是波希米亚人，却并不是指的捷克人。

本来的确是的，波希米亚人就是指的波希米亚王国的居民。但是法国人却用"波希米亚人"来称呼吉卜赛人。

> 我是捷克人。

> 吉卜赛人、波希米亚人、弗拉明戈人、茨冈人、阿金加诺人、罗里人、艾昆塔卡人……天啊！我到底叫什么？

移动房屋带着我们去流浪。

  吉卜赛人，自称为罗姆人，但是英国人管他们叫吉卜赛人，法国人管他们叫波希米亚人，西班牙人管他们叫弗拉明戈人，俄国人管他们叫茨冈人，希腊人管他们叫阿金加诺人，伊朗人管他们叫罗里人，斯里兰卡人管他们叫艾昆塔卡人……

  看出来了吧？他们怎么在这么多国家有这么多的名字？或者说，怎么这么多国家都有他们的身影？

  因为吉卜赛人在到处流浪。

丝绸之路的西方终点——欧洲

塔罗牌!

　　他们可能原本居住在伊朗或者印度，但是一千年前就开始到处流浪，足迹遍布欧亚美非，到处都有他们的身影，可就是不能停留下来。

　　他们就是这样一个流浪的民族。他们的生活方式跟其他的民族就是格格不入。他们有各种各样奇奇怪怪的生存技能，从冶炼金属到擅长歌舞，甚至是占卜算命。现在流行的塔罗牌，其实就是他们的一种占卜方法。

你听过著名的歌剧《卡门》吗？剧中的主人公卡门，就是一位吉卜赛姑娘。你读过法国大作家雨果的《巴黎圣母院》么？书中的女主角埃斯梅拉达，也是一位吉卜赛女郎。

在法国人的想象中，"波希米亚人"这个名词，会让他们联想到吉卜赛人的四处漂泊。他们与传统社会充满隔阂，不受世俗的束缚，也许还会带来一些神秘的启示，跟那些特立独行、希望过非传统生活的艺术家和作家一样。这种风格，就被称为"波希米亚风"。

埃斯梅拉达

丝绸之路的西方终点——欧洲

217

斯洛伐克

城堡之国

欧洲最不缺的就是城堡。稍微有点历史的国家，哪个还拿不出几个像样的城堡呢？

可要说起城堡的数量来，世界上城堡数量最多的国家，居然是国土面积并不算大的斯洛伐克。

这个位于欧洲中心的内陆国家，被称为"欧洲的心脏"。斯洛伐克全国主要地形就是山地，最适合修建城堡了。这里城堡数量世界第一，而且大部分遗址都保存完好。

其中的斯皮思城堡，是中欧中世纪最大的城堡。其他的城堡也各具特色。要想去看城堡，到斯洛伐克可以一次看个够！

斯皮思城堡

布拉迪斯拉发

斯洛伐克的首都叫布拉迪斯拉发，是斯洛伐克最大的城市。

布拉迪斯拉发就坐落在多瑙河畔。这片区域已经处在斯洛伐克的边境地带，临近奥地利和匈牙利，距离维也纳其实只有60千米。于是布拉迪斯拉发就成了世界上唯一一个与两个国家接壤的首都。

布拉迪斯拉发城堡

在布拉迪斯拉发的老城区，最古老和最具有代表性的建筑当属布拉迪斯拉发城堡了。这里本来是古代罗马人建造的要塞，现在已经成了一个文化设施。

保加利亚

色雷斯和斯巴达克斯

保加利亚有一大片区域，属于古代色雷斯的范围。历史上最著名的色雷斯人，是斯巴达克斯。

斯巴达克斯是古罗马时代的奴隶起义军领袖。他在一次战争中被罗马人俘虏了，给卖到了角斗士学校。

角斗，是古罗马人非常喜欢观看的一项野蛮娱乐。古罗马建了大量的、巨大的角斗场，逼着奴隶自相残杀，让他们拼个你死我活，所以古罗马的角斗场里经常血流成河。

但是角斗士也是人啊，凭什么就该在角斗场里，为了取悦罗马观众而拼命？

斯巴达克斯就这么想。他在角斗士学校里受尽了侮辱和虐待。他对他的伙伴们说，宁愿为自由战死沙场，也不愿为贵族老爷们取乐而死在角斗场。在忍无可忍的情况下，他带领着一众角斗士们起义了。

他们的队伍很快壮大起来，几年的时间一直在意大利半岛上纵横驰骋，所向披靡。

但是最终，起义还是失败了。可是他们敢于反抗罗马暴政的精神，却永世长存！

斯巴达克斯

丝绸之路的西方终点——欧洲

"液体黄金"玫瑰精油

玫瑰精油，是从玫瑰中提炼出来的<u>精华</u>，是非常好的<u>美容护肤品</u>。清晨采摘下来新鲜的玫瑰花，24小时内萃取的精油才最好。大约5吨重的玫瑰花，只能提炼出900余克的玫瑰精油，所以，这是全世界最贵的精油，是名副其实的"<u>液体黄金</u>"。

传统萃取精油的蒸馏法！

- 蒸馏器皿
- 玫瑰花
- 水蒸气
- 沸水
- 火
- 玫瑰水和精油
- 气体出口
- 压缩器皿
- 精油
- 玫瑰水

我也要去买一瓶涂涂看!

玫瑰精油哪里产的最好?
保加利亚。

保加利亚的卡赞勒克玫瑰谷,是玫瑰爱好者的圣地。这里的地理位置和气候环境极佳,是玫瑰精油的最佳产地。

保加利亚是"玫瑰之国",已经有 300 多年 的玫瑰精油生产历史了。

来我们的玫瑰节看看吧。

每年 6 月份的第一个星期天,是保加利亚的玫瑰节,据说这个节日也已经有 100 多年 的历史了呢。

丝绸之路的西方终点——欧洲

酸奶的故乡

你爱喝酸奶吗?

酸奶,英文叫"Yogurt",这个词本身就来自色雷斯语。也就是说,来自保加利亚。

据说酸奶就是色雷斯人发明的。他们用羊皮口袋装上牛奶系在腰上,时间一长,在体温的作用下,牛奶里的细菌繁殖起来,经过了发酵的过程,变成了酸奶。

保加利亚人的寿命普遍比较长,百岁老人的数量非常多。这一方面是因为保加利亚山川秀丽,气候宜人,非常宜居。另外一方面,有人认为,很重要的一个原因,就是保加利亚人长期、大量地饮用酸奶。

所以,我们是不是也应该喝点酸奶再接着往下看?

色雷斯人的羊皮口袋。

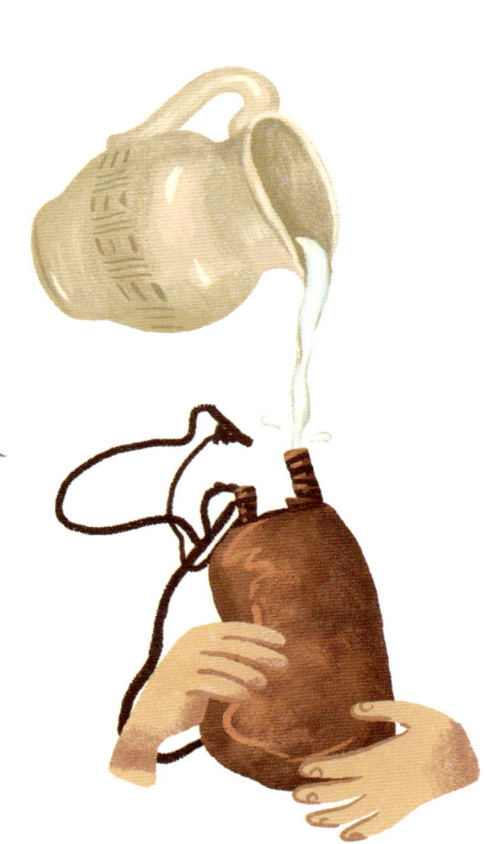

点头不算摇头算

保加利亚这片土地，被称为"上帝的后花园"。叫这个名字只是因为这里美吗？当然不是啦。

传说当初神分配土地的时候，保加利亚人迟到了，所有的土地都被分完了。保加利亚人恳请神给他们一片繁衍生息的土地，于是，神就把自己的后花园给了保加利亚人。

保加利亚

但他们得到的是一片以高山丘陵为主的土地。而山川阻隔，也让这片土地上的很多习俗，在外界看来可能感觉匪夷所思。

比如，我们通常都是点头表示同意，摇头表示否认，但是保加利亚正好相反，是"点头不算摇头算"。

所以，到了保加利亚，可不要闹笑话哦！

匈牙利

"上帝之鞭"和匈人帝国

匈牙利这个地方，是广袤的欧亚大草原的西部边缘，历史上草原民族向西征服的极限，大概就到这里啦。

公元5世纪，西罗马帝国崩溃前后，东方的游牧民族匈人，来到了匈牙利。他们在强悍的领袖阿提拉的带领下，建立了强大的匈人帝国。匈牙利这个名字，很可能就是来源于此。

阿提拉

这些匈人到底是从哪里来的呢？因为他们是游牧民族，所以当然是从草原来的。而我们中国人关心的问题是：匈人就是中国古书上记载的匈奴人吗？

在中国的汉朝，从汉武帝开始，汉朝跟匈奴打了一百多年的仗，终于把威胁中国北方边境的匈奴人给赶走了。他们去了哪里，我们并不清楚。

我们匈人是善于骑射的游牧民族。

但是 200 年后，在匈牙利大平原上，忽然就出现了一群凶悍的匈人，他们把当地的部落向西赶，而这些部落又把位于他们西边的部落继续向西赶。

就这样，欧洲历史上出现了"多米诺骨牌"式的民族大迁徙，最终灭亡了西罗马帝国。

可是匈人并不是今天匈牙利人的祖先。现在的匈牙利人又叫马扎尔人，是在公元 9 世纪的时候，从东方迁过来的。

对了，他们也是游牧民族。

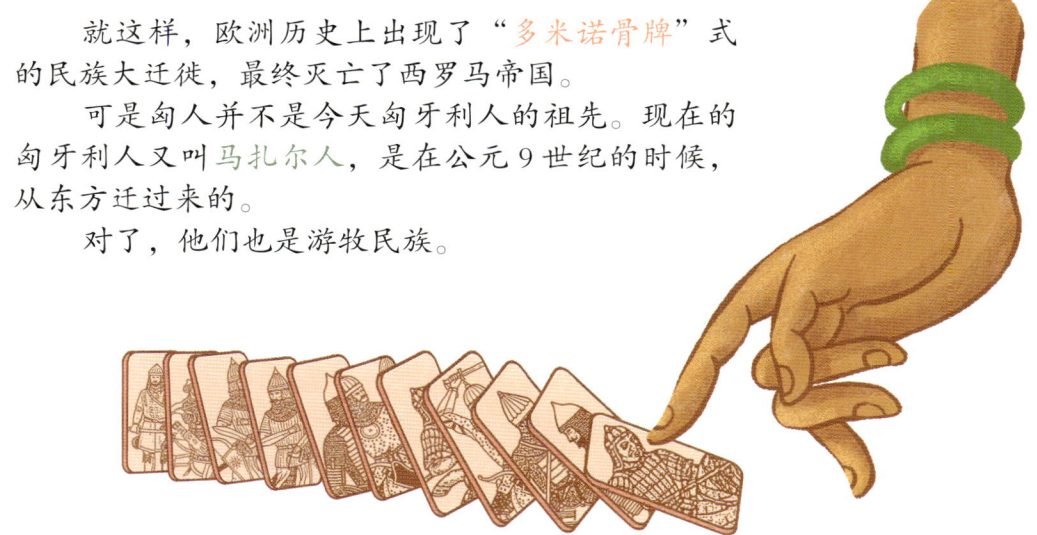

丝绸之路的西方终点——欧洲

布达和佩斯

匈牙利的首都是布达佩斯，由布达和佩斯两部分组成，这两部分就位于穿城而过的多瑙河的两岸。

布达佩斯渔人堡

布达佩斯被称为"东欧巴黎"和"多瑙河明珠"。这是一座艺术气息浓厚的城市，沿着多瑙河徜徉，可以看到一系列的古老建筑。你不准备到剧院或者音乐厅去转转吗？

或者，就让我们站在布达这一侧的渔人堡上鸟瞰全城吧！在这个位置上，整个布达佩斯全城的美景尽收眼底，绝对是一个不错的观景地呢！

拉脱维亚

波罗的海

拉脱维亚、爱沙尼亚、立陶宛，合称为"波罗的海三国"。

它们都濒临波罗的海，从前都是苏联的加盟共和国，现在都是独立的国家。

波罗的海是位于北欧的一个内海，深深地扎进北欧和中东欧的腹地，沿岸有瑞典、芬兰、俄罗斯、丹麦、德国、波兰，还有这波罗的海三国。

我们都知道，海水是咸的。可是波罗的海却是世界上盐度最低的海。也就是说，它是世界上最不咸的海。

它也并不深，平均深度只有55米，最深的地方也不过400多米。

又浅又淡，波罗的海就很容易结冰，海的北部有时候结冰厚度可以达到15米。

丝绸之路的西方终点——欧洲

229

波罗的海周边的海岸线非常复杂，有很多的港湾。海里也散布着各种奇形怪状的小岛和暗礁，在这样的海里潜水，一定是很酷的经历吧！

里加——波罗的海跳动的心脏

里加是拉脱维亚的首都，也是波罗的海沿岸的大海港。它不仅是拉脱维亚最大的城市，也是波罗的海三国中最大的城市。

它的位置非常重要，正好位于波罗的海国家的中心地带，处在欧洲西部和东部、俄罗斯和斯堪的纳维亚半岛的交叉点上。

它被称为"波罗的海跳动的心脏"和"北方巴黎"，具有重要的战略意义。它的重要性早在几百年前就为人所重视，是"汉萨同盟"的一个主要中心。

汉萨同盟

"汉萨同盟"是德意志北部城市之间形成的商业、政治联盟。所谓"汉萨",就是日耳曼语"集团"的意思。

商人做生意,总是要抱团取暖,才好保证自己的商业利益。几百年前德国北部沿海地区的船商,就建立了这样的"汉萨",来保障他们的共同利益。

一开始,只是商人之间的"汉萨",后来发展成了城市"汉萨"。本来只是保卫商人的商业利益,后来发展出了军队、战舰来武装保护城市和人民。德意志北部沿海的绝大多数城市,都加入了进来,后来波罗的海沿岸的城市也加入了进来。里加,就是汉萨同盟最重要的贸易中心城市之一。

> 加入汉萨同盟可以保证我们船商不被海盗骚扰哦!

立陶宛

🌐 维尔纽斯

维尔纽斯是立陶宛的历史古都，它作为首都到现在也有七八百年的历史了。

相传在 14 世纪，立陶宛大公来到这个地方打猎，晚上休息的时候，梦见一头狼在山岗上大声嚎叫，醒来后就找祭司解梦。

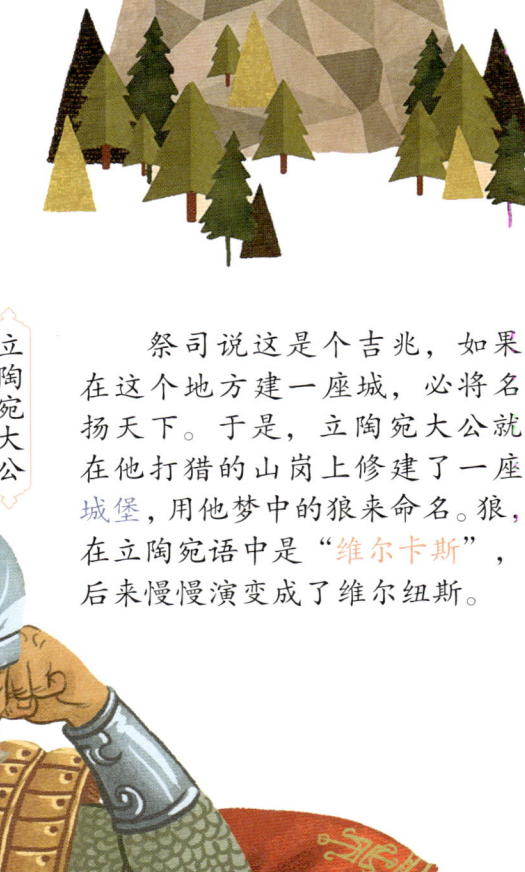

立陶宛大公

祭司说这是个吉兆，如果在这个地方建一座城，必将名扬天下。于是，立陶宛大公就在他打猎的山岗上修建了一座城堡，用他梦中的狼来命名。狼，在立陶宛语中是"维尔卡斯"，后来慢慢演变成了维尔纽斯。

特拉凯城堡

特拉凯是维尔纽斯旁边不远的一座小镇，这里有一座城堡。城堡建在一座湖心岛上，由人行木桥跟湖岸连接。

这是一座雄伟的红砖城堡，是东欧地区唯一的一座水上城堡，也是立陶宛最具代表性的建筑。远远看去，蓝色的湖水和红色的城堡相映成趣，有一种恍如梦境、动人心魄的美。

城堡已经有600年的历史了，一开始是一座防御性的堡垒，立陶宛大公曾经在这里居住。后来，这里一度成为一座监狱，但是后来被废弃了。

如今，这里是一个历史博物馆，向游客讲述立陶宛大公国的历史。

库洛尼亚沙嘴

库洛尼亚沙嘴是一处世界自然文化遗产，属立陶宛和俄罗斯所共有。

这是一个神奇的存在：一条狭长的沙地延伸到波罗的海中，这窄窄的一条沙洲，分隔开波罗的海和它内侧的一个淡水湖。

也就是说，库洛尼亚沙嘴内侧是淡水，外侧是海水。而这条将近100千米长的沙洲，最宽的地方也就4千米，最窄的地方只有400米。

想象一下，一旦这么狭窄的沙嘴开一个口子，内外水域贯通，那么这种淡水和咸水隔绝的神奇景观就将不复存在，在此基础上形成的脆弱生态，也就毁于一旦了。

因此，居住在这里的一代又一代岛民不断地造林固沙，跟海浪、海风的侵蚀作斗争，维持着沙嘴的完整。

如今，这里的森林覆盖率高达70%以上，自然环境极好，是北欧人的夏季度假胜地。

爱沙尼亚

塔林

塔林是爱沙尼亚的首都。它三面环水,风景秀丽,是爱沙尼亚人的文化心脏。

塔林直到现在仍然保持着中世纪的外貌和格调,号称是欧洲北部保存得最好的中世纪古城。

城里并没有高楼耸立,你可以悠闲地走过几百年前的教堂,踏进写满了故事的广场,走在大街小巷的石板路上,欣赏着它童话般的样子。在这里,时间仿佛都凝固在了一瞬。

洗肺圣地

爱沙尼亚是世界卫生组织公布的全球空气质量指数排名第一的国家,森林覆盖率高达47%。

这里湖泊、沼泽众多,有许多景色迷人的海湾、海峡和岛屿。爱沙尼亚也被誉为四周都是海的美丽国度。

这么好的自然环境,使这里成为现代人首选的"森林洗肺游"圣地。

丝绸之路的西方终点——欧洲

斯洛文尼亚

斯洛文尼亚和后面要说到的克罗地亚、塞尔维亚、北马其顿、波黑、黑山，都是从前一个叫 南斯拉夫 的国家的组成部分。但是在20世纪90年代，它们纷纷开始独立，并且还因为彼此之间的矛盾，打了好长时间的仗。

它们都在欧洲著名的巴尔干半岛上，因为这里历来都特别容易擦枪走火，给一点火星马上就可能爆发，所以，这个地方，也被称为"巴尔干火药桶"。

山海之间

科佩尔海港

斯洛文尼亚的国土面积只有 2.03 万平方千米，但是它却处在欧洲四大地理地区——阿尔卑斯山脉、迪纳拉山脉、多瑙河中游平原和地中海沿岸——的 交界处。山海之间的位置很重要。

它的海岸线虽然只有 46.6 千米，但是它处在亚得里亚海的最北端，有一个热闹的小海港科佩尔海港。

经过苏伊士运河来到地中海的航船，如果想要运货到中欧和东欧的话，那么科佩尔海港正是他们最短的海上通道。于是它就成了进出欧洲的各类货物的核心集散地，奥地利、匈牙利的绝大部分海运货物，都要通过科佩尔海港登陆呢。

而在斯洛文尼亚短短的海岸线南段，还有一座保存完好的中世纪小城——皮兰古城。

历史上皮兰城曾经在威尼斯共和国管辖下度过了近500年，城中许多建筑都具有鲜明的威尼斯风格，所以皮兰城虽小，但却保留着丰富的文化遗产，中世纪的建筑在城中随处可见。

皮兰古城

丝绸之路的西方终点——欧洲

克罗地亚

🌐 马可·波罗

对旅行家马可·波罗，你了解哪些呢？

一般认为，在13世纪，马可·波罗随着他的父亲和叔叔来到了中国，见到了元朝的忽必烈大汗。大汗非常喜欢他，让他留在中国，在元朝当官任职。

马可·波罗很快学会了蒙古语和汉语，奉大汗之命巡察各地，走遍了中国的山山水水。

后来他回到了威尼斯，参与了威尼斯与热那亚的战争，不幸被俘。在监狱里，他在狱友的帮助下，口述写作了《马可·波罗行纪》。

马可·波罗

在这本书里,他描写了中国的繁荣昌明,东方帝国的每一个细节,都让西方读者无限神往。

这本书启发了后世无数的航海家,可以说后来大航海时代的航海家们,都是他的书迷,都是要从海路去往马可·波罗所描述的那个神秘的东方帝国。

《马可·波罗行纪》

这就是意大利旅行家马可·波罗的传奇故事。

可是,你知道吗,其实马可·波罗是克罗地亚人。他出生于克罗地亚的考尔楚拉,只是因为这一地区当时受威尼斯共和国的统治,而且他写的游记又是用意大利语写的,所以世人也就称他为威尼斯人,或者意大利人。

丝绸之路的西方终点——欧洲

尼古拉·特斯拉

这里我们说的"特斯拉",可不是大街上跑的电动汽车。相反,特斯拉汽车之所以叫这个名字,正是为了向伟大的尼古拉·特斯拉致敬。

尼古拉·特斯拉,是塞尔维亚裔的美籍发明家、物理学家、机械工程师、电气工程师。他发明了交流电,是人类进入电气时代的重要推动者。他还有很多划时代的科研成果,一直到现在,这些科研成果还会让人兴奋不已。

交流电远距离输送方便!

直流电最安全!

特斯拉

爱迪生

他一生有1000多个发明专利,但是他晚年却穷困潦倒。我们到现在仍然津津乐道的是他当年跟"发明大王"爱迪生之间的"电流大战"。在这场大战中,特斯拉获得了胜利,从那以后,我们生活中用的电,主要都是特斯拉带给我们的交流电。

可是他放弃了交流电的专利。很多企业家利用了他的爱心和才华,骗取了他的研究成果和荣誉,但是他终其一生都依然为人类的幸福而努力研究、发明着。

这就是特斯拉。他是个塞尔维亚人,但是他生在克罗地亚,少年时也生活在克罗地亚。

戴克里先宫

在克罗地亚海岸线上的某一个海湾里，有古罗马帝国的皇帝戴克里先修建的戴克里先宫。这里是皇帝退位以后养老的寝宫，是亚得里亚海岸线上最重要、保存最完整的历史古迹之一，同时还是地中海沿岸地区、欧洲乃至世界保存最完整的古罗马宫殿遗址。

戴克里先是一位很有作为的皇帝。他出身低微，据说是一个抄写员或被释放的奴隶的儿子。他在位21年，结束了罗马帝国持续了几十年的大动乱。他重整朝政，加强了专制统治，把帝国稳定了下来。

然后他就退位了，这实属难得，因为他是有史以来第一位主动退位的罗马皇帝。

戴克里先

我要去养老啦！我把皇位传给你，你要好好治国！

丝绸之路的西方终点——欧洲

他在离他出生地不远的地方修建了这样一座宫殿，军队出身的他，把宫殿修成了一座军事要塞。他在这里休闲娱乐、种菜养花，过起了退休的生活。这对一位罗马皇帝来说，实属难得。罗马的历任皇帝，要么一直当到死，要么当到半截就被人杀死，像这样能颐养天年的，真的只有他这么一位。

戴克里先宫

但是他也会死，宫殿人去楼空，漫长的岁月中，无数人在这里来来往往。曾经有大批的难民躲到宫殿里避难，还在宫殿里盖起了作坊、商铺，于是这座宫殿变成了平民居住的城市，古罗马的行宫跟中世纪建筑混搭在一起，宫殿中有城市，城市中有宫殿。

阿尔巴尼亚

🌐 山鹰之国和碉堡王国

阿尔巴尼亚的国旗，是红色的底色上画着一只黑色的双头鹰。这是阿尔巴尼亚民族英雄斯坎德培的标志。他曾率阿尔巴尼亚人民在15世纪抵抗奥斯曼帝国入侵。在阿尔巴尼亚，尤其是首都地拉那，到处都可以见到斯坎德培的影子。而山鹰，也就成了阿尔巴尼亚的象征，阿尔巴尼亚也就有了"山鹰之国"的称号。

斯坎德培

阿尔巴尼亚是一个面积只有2.87万平方千米，人口不过300万的国家，但是在全国各地，却密密麻麻分布着几十万座碉堡，是名副其实的"碉堡王国"。

丝绸之路的西方终点——欧洲

塞尔维亚

 南斯拉夫

南斯拉夫人

从前那个叫南斯拉夫的国家，就是以塞尔维亚为中心建立起来的。

所谓"南斯拉夫"，意思就是南部的斯拉夫人。还记得吗？咱们前面说过，俄罗斯、白俄罗斯、乌克兰，他们都属于东斯拉夫人。而波兰人、捷克人、斯洛伐克人等等，他们属于西斯拉夫人。

那么南斯拉夫呢？

塞尔维亚人、斯洛文尼亚人、克罗地亚人、黑山人、波斯尼亚人、马其顿人……全是。他们在20世纪的时候曾经合成了一个国家，现在又分成了很多个国家。

贝尔格莱德——巴尔干之钥

贝尔格莱德是塞尔维亚的首都，也是整个巴尔干半岛的心脏。它坐落在多瑙河与萨瓦河的交汇处，把守着欧洲的东南大门，被称为"巴尔干之钥"。

公元 1453 年，奥斯曼土耳其帝国攻占了东罗马帝国的君士坦丁堡，千年帝国就此灭亡。

他们的下一个目标就是巴尔干半岛。仅仅三年后，奥斯曼帝国的 30 万大军，就兵临贝尔格莱德城下。

誓死保卫贝尔格莱德！

尝尝我们奥斯曼帝国的厉害！

贝尔格莱德的守军只有几千，但是他们英勇抵抗，打败了敌人，城下的蓝色多瑙河，都变成了红色多瑙河。

而这，只是千年来贝尔格莱德所经历的战火中的一次。

丝绸之路的西方终点——欧洲

245

北马其顿

为什么非得改国名？

这个国家在1991年独立时，宪法中确定的国名是"马其顿共和国"。但是到2019年2月，却改名为"北马其顿共和国"。

为什么要改？"马其顿"这个名字不好听吗？

这可不是好听不好听的问题，而是有一个很复杂的原因。

因为"马其顿"这个名字，在历史上赫赫有名。它是亚历山大大帝的故乡。

亚历山大大帝

亚历山大大帝是欧洲历史上非常有名的君王，在欧洲人的眼里，他几乎征服了整个世界。

他是马其顿王国的国王，20 岁的时候就登上宝座。之后他横扫希腊，出征波斯，远征埃及，一直打到印度，到达了当时欧洲人对世界认知的极限。

可惜他英年早逝，三十几岁就去世了，只留下了他的赫赫威名。多少后来的世界征服者都是以他为榜样的。

不过这个叫北马其顿的国家，只是当年那个马其顿三国的一部分。而现在这个国家的居民，大部分其实是斯拉夫人，跟两千年前的马其顿人并没有什么直接的关系。

北马其顿也曾经是前南斯拉夫的一个加盟共和国。它处在巴尔干半岛的核心地区，国土面积虽然并不大，但是包含了山区、平原和美丽的湖泊，有很多自然和历史遗迹，有漂亮的城市和村庄。如果你对古马其顿的文明感兴趣的话，那不妨到北马其顿去看一看，我们可以一边端着当地有名的葡萄酒，一边品尝着那里传统的烤肉和肉丸子，还可以徜徉在湖光山色之中，体验北马其顿独特有趣的节庆活动，那一定是一段令人难忘的旅程！

波黑

萨拉热窝事件

波黑的全称叫作"波斯尼亚和黑塞哥维那"，它的首都是萨拉热窝，这个地方曾经发生过一件惊天动地的大事。

1914年6月28日，这一天是星期天，萨拉热窝阳光明媚。奥匈帝国皇储斐迪南大公带着他的妻子索菲亚来到这里作特别访问。

大公一直竭力主张吞并塞尔维亚。这天，他带着夫人检阅了部队，又组织了以塞尔维亚为假想敌的军事演习。他的耀武扬威，激怒了当地人民。他忘了，这片土地是被奥匈帝国吞并的，这里的人民对他充满了仇恨。刺杀他的计划正在酝酿之中。

演习完毕，当斐迪南大公坐着敞篷车进入萨拉热窝市区时，遭到了炸弹袭击。袭击惊动了大公，但是并没有把他炸死。汽车继续行驶。

但当汽车拐到一个街角时，19岁的塞尔维亚族青年学生普林西普出现了，他朝着大公和大公夫人连开七枪。子弹打中了斐迪南大公的脖颈和他妻子的腹部，大公夫妇当场身亡。

但是最大的悲剧并不是这两个人的死。事件发生后，奥匈帝国向塞尔维亚王国宣战，沙皇俄国为保护塞尔维亚，向奥匈帝国宣战，于是欧洲列强因为复杂的同盟关系打成了一团，这就是第一次世界大战。

第一次世界大战打了4年多，大约有6500万人参战，1000多万人丧生，2000多万人受伤，给参战各国都造成了重大的损失。

普林西普

我真的是一个沿海国家

看地图，我们就能发现，在亚得里亚海的沿海，克罗地亚细长的沿海地带，几乎是贴着海边把波黑给包裹了起来。

但是，如果放大地图仔细来看，其实波黑是有一小段海岸线的。

这段海岸线全长只有24.5千米，这成了波黑唯一的出海口。

可是有了出海口就真的出得了海吗？就这一小段海岸，开在了一个窄窄长长的海湾里面，海湾口还有一堆小岛，都是属于克罗地亚的，波黑想在这里建一座像样的海港，还真是有难度呢！

黑山

黑山是巴尔干半岛西南部、亚得里亚海东岸的一个国家。这里，真的有黑黑的山。

远远的山峦确实黑压压的！

🌐 峡湾风光

黑山最负盛名的古城，就是科托尔。

这座古城背山面海，隐藏在陡峭的峡湾深处。它整个被石墙包围，是亚得里亚海沿岸保存中世纪古城原貌最完整的城市之一，并被列入联合国教科文组织世界遗产名录。

黑山拥有欧洲最美的峡湾，坐上船去转一圈，应该是美得冒泡吧！

科托尔

啊！朋友，再见！

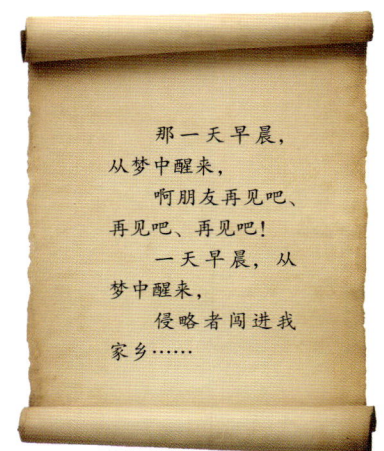

那一天早晨，
从梦中醒来，
啊朋友再见吧、
再见吧、再见吧！
一天早晨，从梦中醒来，
侵略者闯进我家乡……

啊！朋友，再见！

这首《啊！朋友，再见！》是中国人非常熟悉的一首经典老歌。这是一首意大利歌曲，但是中国人却总是会把它跟从前的南斯拉夫联系在一起。

1944年，第二次世界大战已经接近尾声。即将失败的德军投入重兵，守卫着南斯拉夫境内的一座大桥。这座桥坐落在德军撤退的必经之路上，南斯拉夫游击队要阻止德军汇合，必须在七天之内把这座桥炸毁。

游击队员们经过一系列周密的安排，从德军手中救出了当初建造大桥的工程师。在历尽惊险曲折之后，工程师亲手炸掉了自己设计建造的大桥。

这是南斯拉夫电影《桥》中的故事情节。《啊！朋友，再见！》正是电影中的插曲。这是一首意大利游击队歌曲，片中的游击队员很喜欢唱它。

其实歌里唱的"朋友"，原本应该是"姑娘"，但是，不管是什么，游击队员视死如归的精神和大无畏的英雄气概，都是值得称道的。

电影中的这座桥，就是黑山的塔拉河谷大桥。

塔拉河谷大桥

请把我埋在，高高的山岗，
啊朋友再见吧、再见吧、再见吧！
把我埋在，高高的山岗，
再插上一朵美丽的花……

丝绸之路的西方终点——欧洲

图书在版编目（CIP）数据

影响世界的超级线路：一带一路漫游指南 / 崔岩著
. -- 上海：中国中福会出版社，2022.12 (2024.1月重印)
ISBN 978-7-5072-3263-9

Ⅰ.①影… Ⅱ.①崔… Ⅲ.①旅游指南-世界 Ⅳ.
①K919

中国版本图书馆CIP数据核字(2021) 第 131790 号

影响世界的超级线路：一带一路漫游指南
崔岩 著

出 版 人：	屈笃仕
责任编辑：	张玉霞
绘画装帧：	张亚宁　乐　观
出版发行：	中国中福会出版社
社　　址：	上海市常熟路 157 号
邮　　编：	200031
电话传真：	021-64373790
经　　销：	全国新华书店
印　　刷：	镇江恒华彩印包装有限责任公司
开　　本：	787mm×1092mm　1/16
印　　张：	16.5
版　　次：	2023 年 6 月第 1 版
印　　次：	2024 年 1 月第 2 次印刷
书　　号：	ISBN 978-7-5072-3263-9/K.80
定　　价：	168.00 元